Nikolaus Nonn, Bernd Steiner,
Nicole Stockhoff, Marko Weibels

Das Auge betet mit

Nikolaus Nonn, Bernd Steiner,
Nicole Stockhoff, Marko Weibels

Das Auge betet mit

Werkbuch für die Blumengestaltung von Sakralräumen im Kirchenjahr

BONIFATIUS

Bibliografische Information der Deutschen Nationalbibliothek
Die deutsche Nationalbibliothek verzeichnet diese Publikation in der deutschen Nationalbibliografie; detaillierte bibliografische Daten sind im Internet über http://dnb.ddb.de abrufbar.

Klimaneutral
Druckprodukt
ClimatePartner.com/53323-2112-1019

MIX
Papier aus verantwortungsvollen Quellen
FSC® C011558
FSC
www.fsc.org

Grafikdesign: Karin Cordes, Dipl.-Designerin, Paderborn

Titelfoto: Nikolaus Nonn

3. Auflage 2022

ISBN 978-3-89710-794-6

www.bonifatius-verlag.de

Das Auge betet mit

Schöne Blumen gehören zum Innenraum einer Kirche dazu. Gerade in den geprägten Zeiten des Kirchenjahrs kann die florale Raumgestaltung eine Exegese der besonderen Festzeit bieten. Dafür sorgen viele fleißige Hände von Küstern, Floristen und Ehrenamtlichen in den einzelnen Kirchen. Blumenschmuck ziert unsere Kirchenräume und möchte die frohe Botschaft des christlichen Glaubens unterstützend zum Ausdruck bringen. Anders als im privaten Bereich oder zu weltlichen Festlichkeiten sollen Gestecke und Blumen in der Kirche das eigentliche liturgische Geschehen oder die kirchlichen Festtage besonders hervorheben und das Wertvolle unterstreichen. So sollen die Blumengestecke in edler Einfachheit gesteckt sein und sich am Kirchenraum, dem Kirchenjahr und insbesondere auch an der jeweiligen gottesdienstlichen Feier orientieren. Das Buch ist demnach wie das Kirchenjahr aufgebaut und bringt viele Ideen für die Advents-, Weihnachts- und Osterzeit sowie Pfingsten und einzelne Feste und Hochfeste. In der Fastenzeit ist kein Blumenschmuck vorgesehen.

Dieses Werkbuch eröffnet einen Freiraum für die Gestaltung des Kirchenraums. Es ist eine Orientierungshilfe für die Arbeit vor Ort, um nicht zuletzt auch der Liturgie einen würdigeren Rahmen zu geben.

Dazu kann man die vorliegende Publikation auch selektiv lesen; natürlich sind die einzelnen Teile aufeinander bezogen, doch die Leser seien ermuntert, bei dem einzusteigen, was für sie wichtig oder drängend ist. Damit das möglich wird, konnte auf vereinzelte Wiederholungen nicht ganz verzichtet werden.

Sakralräume

Der Kölner Architekt und Kirchenbaumeister Hans Schilling (1921-2009) hat zum Bau seiner ersten Kirche eine theologische Deutung für den Sakralraum gegeben:

„Der steinerne Bau ist ein Bild der Kirche als des Leibes Christi. Der Altar bedeutet Christus und der Bau, zusammengefügt aus zahllosen Bausteinen, die vielen Glieder des Herrn. In dieser Bildhaftigkeit liegt das Symbol des lebendigen Hauses Gottes als Kultraum, in welchem die Gemeinde die Verheißung voller Hoffnung erschaut. Dieses Kultraumes wird sie dereinst nicht mehr bedürfen, denn sie wird selbst in die offenbare Herrlichkeit des Herrn eingehen. So ist der steinerne Bau zugleich Sinnbild des Vergänglichen, in dem sich Christi Erlösungstat, sein Opfermysterium täglich auf mystische Weise erneuert."

Kirche ist als erstes die um Christus versammelte Gemeinde. Erst in abgeleiteter Weise wird der Versammlungsraum der Kirche zur *domus ecclesiae* (lat. Haus der Kirche) selbst „Kirche" genannt. Und das Kirchengebäude ist Ausdruck und Darstellung der Gemeinde.

Geschichtliche Entwicklung des Kirchenbaus

Die christlichen Gemeinden versammelten sich in den ersten Jahrhunderten in den Privathäusern ihrer Mitglieder. Erst seit dem Beginn des 3. Jahrhunderts finden sich gemeindeeigene Häuser, die unter anderem auch einen Raum für die Feier der Eucharistie beherbergten.

Im frühen 4. Jahrhundert entwickelt sich die freistehende Basilika als mehrschiffige Halle mit einer Apsis, die durch die erste Eucharistiefeier mit dem Bischof ihrer Bestimmung übergeben wurde. Über besonders verehrten Heiligtümern wurden Zentralbauten errichtet, wie etwa die Grabeskirche in Jerusalem, aber auch über Märtyrergräbern wurden Kirchen gebaut. Auch heute noch üben sie einen starken Einfluss auf die Formen des byzantinischen Kirchenbaus mit Kuppeln aus. Im Gegensatz zu selbständigen Gemeinden entstehen aber auch schon früh Kapellen für kleinere Gottesdienstgemeinden.

Biblisch-theologisches Verständnis des Kirchenbaus

Ein antiker Tempel wurde als „Gotteshaus", das heißt als Wohnstätte der jeweiligen Gottheit, betrachtet und durfte daher vom Volk nicht betreten werden. Gebete und Opferrituale wurden dementsprechend auch nicht im Tempel dargebracht, sondern auf einer Freifläche vor dem Tempel.

Die christliche Sicht eines Gotteshauses ist biblisch begründet: „Gott wohnt nicht in Tempeln aus Menschenhand" (Apg 7,48; 17,24). Daher ist auch der Jerusalemer Tempel infolge der neutestamentlichen Offenbarung seiner Funktion als Wohnung Gottes beraubt (Joh 4,21); denn das Wort ist Fleisch geworden (Joh 1,14).

Da die Getauften als Leib des Herrn mit Christus, dem Haupt, heiliger Tempel des Herrn sind (1 Kor 3,16; Eph 2,20f; 1 Petr 2,5), sind sie „Kirche", die einen Ort der Versammlung benötigt, um Gemeinschaft zu erfahren. Darüber hinaus erinnert der Kirchenraum auch abseits der gottesdienstlichen Versammlung den gläubigen Menschen an die bergende Nähe Gottes. Die Aufbewahrung der Eucharistie, die erst im zweiten Jahrtausend beginnt, erinnert an diese Nähe.

Der Kirchenraum bekommt erst seine Würde durch die darin versammelte Gemeinde und deren gottesdienstliche Begegnung mit Gott.

Forderungen an den Kirchenbau

- Er muss gemeindegerecht sein: Zum einen muss er der Einheit des Gottesvolkes dienen, zum anderen muss er die hierarchische Gliederung mit den verschiedenen Ämtern und Diensten sichtbar machen. Die lange Zeit empfohlene „Wegekirche", d.h. langgezogene schmale Kirchenschiffe, die immer noch die Norm sind, verschleiern die Tatsache, dass sich die Gemeinde um ihren Herrn zur gottesdienstlichen Feier versammelt.
- Er muss liturgiegerecht sein: Die liturgische Feier muss sich frei entfalten können. Dabei sind verschiedene Orte besonders zu akzentuieren. Der Altar soll sich in Gemeindenähe befinden und die Aufmerksamkeit aller auf sich ziehen. Genauso wichtig ist der Ambo als Ort der Wortverkündigung. Daneben ist im Altarraum der Vorstehersitz von Bedeutung. Weiter sind der Taufort, aber auch der Platz für den Chor und die Sängerschola wichtig.
- Er muss Zeichencharakter haben: Wegen seiner Bedeutung für die versammelte Gemeinde um ihren verklärten Herrn, sollte der Kirchenraum ein

festliches Gepräge haben und Abbild des himmlischen Jerusalems sein. Die Gestaltung des Raumes durch Bilder und Skulpturen, aber auch durch einen passenden Blumenschmuck, darf nicht von der liturgischen Feier ablenken, sondern soll diese eher unterstützen.

Daher gilt für die Sakralräume des 20. und 21. Jahrhunderts, erst recht nach der Liturgiereform des Zweiten Vatikanischen Konzils:
„Für die Architektur der Moderne ... spielt der reine Raum, die reine Architektur eine große Rolle. Im Kirchenbau des 20. Jahrhunderts haben viele Architekten Leerräume gestaltet, die in der Folge von den Pfarrgemeinden mit Bildern angefüllt und verstellt wurden. Der Raum wurde nicht mehr als Bild gesehen, sondern nur als Gehäuse, das man füllen muss. Es gibt Seelsorger, welche die ‚heilige Leere' ihres Kirchenraumes vermitteln und gegen gutgemeinte Schenkungen verteidigen. Aber die Mehrzahl hat die Leere entweder nie als ‚heilig' empfunden oder dem Bilderdurst der Gläubigen, dem Blumenschmuckzwang der Mesner und der Angst vor der Leere nachgegeben. Die Leere als optische Erwartung hat als akustisches Gegenstück: das ‚Schweigen'. Auch das wird seit der Abschaffung der ‚stillen Messe' kaum mehr gewagt." (Steiner 59)

Funktionsorte im christlichen Sakralraum

➤ Der Altar

Der Altar wird lediglich für die Feier der Eucharistie benötigt. Dafür reichte zunächst ein einfacher Tisch. Ab dem 4. Jahrhundert wird aber der steinerne, und damit unbewegliche Tisch bevorzugt, der in den alten Basiliken seinen Platz vor der Apsis oder in der Mitte des Raumes hatte. Er ist Symbol für Christus, der der Fels (1 Kor 10,4), der Eckstein (1 Petr 2,7f), der Schlussstein (Eph 2,20) und schließlich der lebendige Stein (1 Petr 2,4) genannt wird.
Die neueren (kirchenbaulichen und liturgischen) Bestimmungen weisen darauf hin, dass der Alter der zentrale und zentrierende Ort des Kirchenraums und daher „dominierendes Symbol des sich dem Vater aufopfernden und den Gläubigen schenkenden Herrn" (Berger 17f.) sei. Die Allgemeine Einführung ins Messbuch (AEM) formuliert: „Der Altar, auf dem das Kreuzesopfer unter sakramentalen Zeichen gegenwärtig wird, ist auch der Tisch

des Herrn, an dem das Volk Gottes in der gemeinsamen Messfeier Anteil hat. Er ist zugleich Mittelpunkt der Danksagung, die in der Eucharistiefeier zur Vollendung kommt." (AEM 259)
Daher verbietet es sich, dass etwas anderes auf dem Altar steht als Hostienschale (Patene) und Kelch für die Eucharistiefeier: Kerzen und – erst recht – Blumenschmuck gehören nicht auf den Altar, sondern sollten seitlich von ihm stehen. Auch in anderen gottesdienstlichen Feierformen soll der Altar frei bleiben.

➤ Der Ambo

Ob die Konzilsväter des Zweiten Vatikanischen Konzils bei der Verabschiedung der Dogmatischen Konstitution über die göttliche Offenbarung am 18.11.1965 wirklich recht hatten, als sie sagten: „Die Kirche hat die Heiligen Schriften immer verehrt wie den Herrenleib selbst" (DV 21), sei dahingestellt. Faktum ist, dass in der Verkündigung der Heiligen Schrift der Gott der Offenbarung selbst spricht und gegenwärtig ist, weshalb inzwischen viele Seelsorger neben dem Sakrament des Altares auch das Sakrament des Wortes betonen; denn „die Würde des Wortes Gottes erfordert für seine Verkündigung einen besonderen Ort in der Kirche, dem sich im Wortgottesdienst die Aufmerksamkeit der Gläubigen wie von selbst zuwendet." (AEM 272)
Aus diesem Grund bedarf neben dem Altar gerade der Ambo einer besonderen Gestaltung – auch mit Hilfe des Blumenschmucks.

➤ Die Aufbewahrung der Eucharistie

Wenn auch viele Kirchengebäude der jüngeren Vergangenheit etwas anderes suggerieren: Die Aufbewahrung der Eucharistie sollte gemäß der AEM (vgl. AEM 276) in einer vom Kirchenraum getrennten Kapelle erfolgen, die zum persönlichen Gebet einlädt.
Unabhängig davon, wo der Tabernakel mit dem eucharistischen Brot im Kirchenraum steht, sollte er auch durch Blumenschmuck akzentuiert sein. Denn wir glauben als katholische Christen an die reale Präsenz Christi im konsekrierten Brot.

➤ Der Taufort

Die Taufe ist das grundlegende, in die Gemeinschaft der Glaubenden eingliedernde Sakrament. Damit ist der Ort, an dem sie stattfindet, an einer hervorragenden Stelle im Sakralraum zu positionieren. Außerhalb der Osterzeit sollte der Leuchter mit der Osterkerze an diesem Ort stehen. Und dieser Ort, egal an welcher Stelle im Kirchenraum er sich befindet, muss besonders gestaltet sein – auch mit Blumenschmuck.
Denkbar ist auch, dass nahe dem Taufort eine verschließbare Nische ist, in der die heiligen Öle für die Sakramente der Eingliederung in die Kirche und für die Krankensalbung aufbewahrt werden.

➤ Die Seitenaltäre

Seitenaltäre waren teilweise Stiftungen von „Bruderschaften", kommen aber eher aus einer Zeit, in der mehrere Geistliche an einer Kirche lebten und täglich zelebrieren mussten. Auch gab und gibt es Seitenaltäre in unseren Kirchen, die bestimmten Heiligen gewidmet sind. Dennoch gilt: Der Zelebrationsaltar ist das Zentrum und der Mittelpunkt des Sakralraums! Daher muss, darf und sollte auch ein Marienaltar im Monat Mai nicht so aussehen, als sei er das übervolle Schaufenster eines Blumenladens.

Das Kirchenjahr im Überblick

Das Leben auf der Erde ist unter anderem bestimmt von der Zeit und von Zeitabläufen. Das gilt ganz unabhängig davon, ob der Mensch religiös ist oder nicht. Zwei zeitliche Vorstellungen können wir unterscheiden:
In der linearen Zeitvorstellung unterscheiden wir Vergangenheit, Gegenwart und Zukunft: Zeit, die gewesen ist und sich nicht wiederholt, unmittelbar erlebtes, aktuelles Jetzt und die Zeit, die noch vor uns liegt. Ein menschliches Leben bildet das sichtbar ab: Geburt – Kindheit – Jugend – Erwachsen – Alter – Tod.
In der zyklischen Zeitvorstellung unterscheiden wir Zeitrhythmen, die sich regelmäßig wiederholen. Sie entstehen z.B. durch den Einfluss der Planeten auf die Erde. Zwei Beispiele:

• Die Jahreszeiten Frühling, Sommer, Herbst und Winter entstehen durch das Kreisen der Erde um die Sonne. So berechnet sich ein Jahr, das die Festlegung von „Jahrestagen", jährlichen Erinnerungstagen, ermöglicht.
• Der Lauf des Mondes um die Erde (Neumond, Halbmond, Vollmond, Halbmond) braucht ungefähr 28 Tage. Daraus haben sich die Monate entwickelt.

Wenn man beide Zeitvorstellungen, die lineare und die zyklische, übereinander legt, dann wäre das passende Bild dafür, dass sich der Zeitstrahl wie eine Spirale nach oben entwickelt. Das macht deutlich: Einerseits ist ein konkretes Erlebnis immer einmalig, aber andererseits ist es auch immer geprägt davon, wie wir ähnliche Situationen in der Vergangenheit erlebt haben. Religiöse Menschen geben der Zeit eine spirituelle Deutung. Christen erkennen im linearen Lauf eine Prägung durch Gott. Es ist für sie die fortlaufende „Heilsgeschichte" Gottes mit den Menschen und für die Menschen. Sie beginnt „im Anfang" mit der Schöpfung und läuft zu auf die „Vollendung des Reiches Gottes" am Ende der Zeit. Die Bibel spricht davon in großartigen Bildern. In der Zeit zwischen Anfang und Ende, Schöpfung und Vollendung, zeigt sich Gott den Menschen. Christen nennen das „Offenbarung": Gott offenbart sich in Zeichen oder Personen. An diese Offenbarungen Gottes in der Vergangenheit erinnern wir Christen uns in der Gegenwart und stärken auf diese Weise unsere Hoffnung für die Zukunft.

Dies geschieht aber nicht allein durch Nachdenken und Erzählen von früher, sondern vor allem durch das Feiern. Solche Gedächtnisfeiern sind mit den zyklischen Zeitabläufen verknüpft und so entsteht das Kirchenjahr mit seinen „Feiern im Rhythmus der Zeit".

Das Liturgische Jahr

Das Kirchenjahr hat seinen zentralen Bezugspunkt in der wichtigsten Offenbarung Gottes: Der Sohn Gottes, Jesus Christus, ist Mensch geworden. Er hat unter uns gelebt, ist gestorben und wurde vom Tod auferweckt. Mit Blick auf das Wirken Jesu Christi, hat sich das Herrenjahr entwickelt. Christen erinnern sich und feiern im Lauf eines Jahres die verschiedenen Aspekte seines Heilswirkens:

Das Herzstück des Herrenjahres sind dabei Leiden und Sterben sowie die Auferweckung Jesu. Die Feiern der Kar- und Ostertage mit ihrer Vorbereitungszeit (österliche Bußzeit, Fastenzeit) und der folgenden Festzeit (Osterzeit) bilden den Osterfestkreis.

Von dem her, was wir an Ostern feiern, bekommt auch die Geburt Jesu ihre Bedeutung. Ohne Ostern wäre die Geburt Jesu eigentlich nicht wichtig, aber ohne Christi Geburt als Mensch wäre wiederum Ostern nicht denkbar. So erklärt sich, was die zweite „geprägte Zeit", den Weihnachtsfestkreis, ausmacht. Er umfasst die zentrale Feier der Geburt des Herrn (Weihnachten), die Vorbereitungszeit (Advent) und die Festzeit (Weihnachtszeit). Mit dem Start des Weihnachtsfestkreises beginnt das Kirchenjahr.

Vor allem zeigt sich die österliche Prägung des Jahres durchgängig im Wochenrhythmus durch die Feier des Sonntags. An diesem Tag ist Christus auferstanden von den Toten. Darum ist jeder Sonntag als christlicher „Ur-Feiertag" ein kleines Osterfest, das auch die weitere Zeit im Jahreskreis prägt. Diese Zeit ergänzt im Verlauf des Kirchenjahres die beiden großen Festkreise.

Einige weitere festliche Anlässe, die mit dem Wirken Christi oder seiner Bedeutung zu tun haben, sind dem Kirchenjahr zugeordnet (z.B. Verkündigung des Herrn, Fronleichnam, Christkönigsfest). Wie die meisten zentralen Feiern in den Festkreisen heißen sie auch „Herrenfeste" und können in allen drei Zeitkreisen liegen.

Neben dem „Herrenjahr“ gibt es den Festkalender der Heiligen. Auch im Zeugnis vorbildlicher Christen erkennen wir Gottes Wirken. Deshalb nennen wir sie „Heilige“ oder „Selige“. Jeder von ihnen hat einen bestimmten Gedenktag, der mehr oder weniger wichtig für einen Menschen (Namenstag), eine Gemeinde (Patronatsfest), eine Region oder die ganze Kirche ist. Auch die vielen Marienfeste gehören zu diesem Festkalender.
Das Kirchenjahr und das Heiligenjahr verlaufen parallel zueinander. Welcher Anlass an einem bestimmten Tag Vorrang hat, ist verbindlich geregelt und im Direktorium nachzulesen. Grundlegend ist eine Einteilung in Hochfest (H), Fest (F), gebotener Gedenktag (G) und nicht gebotener Gedenktag (g).

Die Leseordnung

In den Gottesdiensten wird vor allem durch die Verkündigung aus der Heiligen Schrift an die Heilsgeschichte Gottes mit den Menschen erinnert. Damit nach und nach möglichst viele Texte der Bibel zu Gehör gebracht werden, hat die Kirche eine Leseordnung entwickelt:
Für die Sonn- und Feiertage gibt es eine dreijährige Ordnung mit den Lesejahren A, B und C:

- im Lesejahr A steht das Matthäus-Evangelium im Mittelpunkt
- im Lesejahr B steht das Markus-Evangelium im Mittepunkt
- im Lesejahr C steht das Lukas-Evangelium im Mittepunkt.

Die wichtigsten Teile aus dem Johannes-Evangelium kommen in jedem Jahr in den geprägten Zeiten (Weihnachts- und Osterfestkreis) vor. Die erste Lesung stammt die meiste Zeit des Jahres aus dem Alten Testament. Nur in der Osterzeit wird aus der Apostelgeschichte gelesen. Die Apostelbriefe und die Offenbarung des Johannes, alle aus dem Neuen Testament, bilden die Grundlage für die zweite Lesung.
Für die Wochentage außerhalb der geprägten Zeiten, also im Jahreskreis, gibt es einen zweijährigen Rhythmus (Jahr I und Jahr II) mit so genannten Bahnlesungen. An mehreren aufeinander folgenden Tagen werden Abschnitte aus einem einzigen biblischen Buch verkündet. Wer also jeden Tag zur Hl. Messe geht, hat theoretisch innerhalb weniger Jahre zentrale Teile der Bibel gehört. Da aber für Gedenktage der Heiligen jeweils eigene Texte vorgesehen sind, werden die Bahnlesungen immer wieder unterbrochen.

Die liturgischen Farben

Die Tradition der Kirche hat dazu geführt, dass die unterschiedlichen Festzeiten und gottesdienstlichen Anlässe mit Farben gekennzeichnet wurden. Diese Farben werden im Gottesdienst sichtbar in den Gewändern von Priestern und Diakonen. Ab und zu ist auch zu sehen, dass Altar oder Ambo mit einem farbigen „Parament" (einem „Antependium") gestaltet sind. Folgende liturgische Farben gibt es:

als Symbol für Buße und Umkehr; wird getragen in der Vorbereitung auf die großen Feste, also im Advent und in der österlichen Bußzeit, darüber hinaus bei Versöhnungsfeiern; oft wird violett auch bei Beerdigungen getragen, um in aller Trauer die Hoffnung auf Heil und Erlösung zu zeigen.

als Symbol für Licht und Reinheit; wird getragen in der Osterzeit und Weihnachtszeit sowie an vielen Hoch- und Herrenfesten, auch bei Sakramentsfeiern wie Taufe, Erstkommunion und Hochzeit.

als Symbol für Leben und Hoffnung; wird getragen in der Zeit im Jahreskreis.

als Symbol für Liebe, Feuer und Blut; wird getragen bei Firmungen, an Pfingsten und bei Gedenkfeiern von Heiligen, die ihr Leben für den Glauben gegeben haben.

als Symbol für Trauer; wird mancherorts bei Beerdigungen und an Allerseelen getragen.

als Mischung von Violett und Weiß; wird nur am 3. Advent und am 4. Fastensonntag getragen.

Die Farbe Blau ist keine liturgische Farbe. Mancherorts wird die Farbe noch an Marienfesten getragen, häufig aber auch durch das festliche Weiß ersetzt.

Weihnachtsfestkreis

Der Weihnachtsfestkreis beginnt am 1. Adventssonntag und endet mit dem Sonntag nach dem Fest Erscheinung des Herrn. Er bezieht sich auf die Feier der Geburt Christi und ist aufgeteilt in die Vorbereitungszeit, eben Advent, und die eigentliche Festzeit, eben die Weihnachtszeit. Weihnachtliche Spuren finden sich im Jahresverlauf unter anderem bei zwei weiteren Festen: „Darstellung des Herrn" am 2. Februar und „Verkündigung des Herrn" am 25. März.
Ohne Leben, Leiden, Tod und Auferstehung Christi, letztendlich also ohne Ostern, wäre die Geburt Jesu ohne große Bedeutung für uns. Dass wir Weihnachten so ausgiebig feiern, liegt an diesem engen Zusammenhang mit Ostern. Viele Schrifttexte, die im Advent und in der Weihnachtszeit verkündet werden, lassen sich erst vor diesem Hintergrund verstehen.

Der Advent

Advent heißt übersetzt: Ankunft. In dieser Zeit richtet sich unser Blick auf die Ankunft Christi in der Welt. Wir erwarten dabei seine zweifache Ankunft: die Wiederkunft Christi am Ende der Zeit und seine Geburt in der Welt. Sichtbar wird dies vor allem in den Schrifttexten der Adventszeit: vom ersten Adventssonntag bis zum 16. Dezember hören wir in endzeitliche Texte hinein, zum Beispiel von alttestamentlichen Propheten oder über Johannes den Täufer mit seinen Mahnungen zur Umkehr. Vom 17. bis 24. Dezember wird dagegen der Blick gelenkt auf die Verheißung der Geburt Christi und auf Maria und Josef.

Diese Vermischung der beiden Bedeutungen von „Ankunft Christi" erklärt sich aus unterschiedlichen Traditionen im Lauf der Jahrhunderte. So gab es Regionen, in denen die Adventszeit in Erwartung des endzeitlichen Gerichts eine Zeit der Buße und des Fastens war. Sie dauerte wie die Fastenzeit vor Ostern auch länger und begann am Tag nach dem 11. November.
Dieser noch immer karnevalistisch geprägte Tag ist wie der Rosenmontag vor Aschermittwoch ein Nachweis dieser Tradition. In anderen Teilen der Weltkirche betonte man dagegen eher die Ankunft Christi bei den Menschen und prägte den Advent marianisch. Nach dem Zusammenfließen der beiden

Traditionen beginnt heute die Adventszeit am viertletzten Sonntag vor dem 25. Dezember. Bewusst wird auf das Gloria verzichtet, damit es als Gesang der Engel in der Heiligen Nacht neu erstrahlen kann. Die liturgische Farbe Violett wirkt zurückhaltend und gedämpft. Auch der Kirchenraum ist spärlich geschmückt. Das näher rückende Weihnachtsfest wird symbolisiert durch das wachsende Licht des Adventskranzes oder Gottesdienste bei Kerzenschein.

Die Weihnachtszeit

Am 25. Dezember feiern wir den Tag der Geburt des Herrn. Diese Tradition gibt es nicht vom Beginn des Christentums an, sondern erst seit dem vierten Jahrhundert. Im heidnischen Umfeld wurde an diesem Tag die Geburt des Sonnengottes gefeiert. Dies nahmen die Christen zum Anlass, zeitgleich Christus als die Sonne der Gerechtigkeit und das Licht der Welt zu feiern. Weihnachten ist also am 25. Dezember. Doch auch schon der 24. Dezember, Heiligabend, hat für uns Christen eine feierliche Bedeutung. In einigen Pfarreien wird am frühen Abend eine Vigilmesse gefeiert und fast überall ein Krippenspiel aufgeführt.
Die festlich liturgische Farbe Weiß signalisiert, dass die Weihnachtszeit begonnen hat. In der Christmette wird der Zusammenhang mit Ostern besonders sichtbar: Das Licht erhellt die Dunkelheit. Die Kirchen sind festlich geschmückt mit Christbäumen, die nun das volle Licht erstrahlen lassen.

Das Fest Erscheinung des Herrn am 6. Januar ist ein wichtiges Ereignis. Gefeiert wird die Ankunft der Hl. Drei Könige, die dem neu geborenen König huldigen. Sternsinger ziehen von Haus zu Haus und verkünden die Friedensbotschaft. Am Sonntag nach dem 6. Januar, dem Fest Taufe Jesu, endet die Weihnachtszeit.

Festlich und feierlich wird auch der Wechsel des bürgerlichen Jahres vom 31. Dezember, dem kirchlichen Gedenktag des hl. Silvester, auf den 1. Januar, dem kirchlichen Hochfest der Gottesmutter Maria begangen. In den Jahresabschlussmessen erfolgen oft Jahresrückblicke und am Ende stehen das Te Deum sowie der feierliche Schlusssegen für das neue Jahr.

Dann gibt es noch zwei Feste, die durch ihren Zeitpunkt mit dem Weihnachtsfest in Zusammenhang stehen. Auch bei diesen Festen ist die liturgische Farbe Weiß. Das Fest Darstellung des Herrn am 2. Februar liegt 40 Tage nach Weihnachten. Als Juden folgten Maria und Josef der Tradition ihres Volkes, Gott 40 Tage nach der Geburt des ersten Kindes im Tempel ein Dankopfer darzubringen. Im Evangelium wird berichtet, wie die Greisen Simeon und Hannah Jesus dort begegnen und ihn als das Heil der Welt erkennen. Heute werden an diesem Fest die Kerzen gesegnet, die in der Kirche verwendet werden. Kerzen, die sich für das Licht hingeben, stehen für Christus, das Licht, aber auch symbolisch für das Gebet der Gläubigen.
Am Fest Verkündigung des Herrn, am 25. März, gedenken wir genau neun Monate vor Weihnachten der Erscheinung des Engels Gabriel bei Maria.

➤ Adventsgestaltungen

Beispiel 1

Zunächst bewickelt man einen Strohkranz mit einem immergrünen Werkstoff, wie z.B. Lebensbaum. Diesen setzt man dann in die Eisenhalterung für den Kranz und die Kerzen ein. Dann fügt man die bemoosten Holunderzweige frei und willkürlich ein. Nun folgen die Zieräpfel. Man streckt sie auf Holzspieße und diese dann als Akzentschmuck an eine ausgesuchte Stelle im Kranz.
Alternativ bieten sich aber auch die klassischen Alternativen an:
- Anstelle der Zieräpfel nimmt man Tannen- oder Pinienzapfen. Diese werden mit Blumendraht am Adventskranz befestigt. Je nach Kirchenraum können diese gegebenenfalls mit Goldbronze eingesprüht sein.
- Mehrere Zimtstangen werden zu kleinen Bündeln mit Zwirn oder dünnen Stoffbändern zusammengebunden und dann mit Hilfe von Blumendraht seitlich an dem Adventskranz befestigt.
- An die vier Kerzen – oder zwischen ihnen – kann eine dekorative Schleife aus Stoffband angebracht werden, wobei man darauf achten sollte, dass sich die Farbe des Bandes nicht mit dem Violett der Messgewänder beißt. Aus dem gleichen Grund sollte man auch keine roten Adventskerzen verwenden, sondern natur- oder honigfarbene, sowie schlicht weiße Altarkerzen.

Materialien:
- Metallgestell für Kranz und Kerzen
- Strohkranz
- Wickeldraht
- Immergrün, wie z.B. Thuja, Nobilis, Kiefer
- bemooste Holunderzweige
- Holzspieße
- Zieräpfel

Der Adventskranz wurde 1839 von dem evangelischen Theologen, Erzieher, Mitbegründer der Inneren Mission und Begründer der Evangelischen Diakonie *Johann Hinrich Wichern* (1808–1881) in Norddeutschland eingeführt. Knapp hundert Jahre später war er auch in katholischen Gegenden zu finden.

Ursprünglich waren auf einem Wagenrad 20 kleine rote Kerzen für die Werktage und vier große weiße für die Sonntage, die nacheinander angezündet wurden. Seit etwa 1860 wird der klassische Adventskranz mit Tannengrün gefertigt und die Kerzen reduzierten sich auf vier Stück für die Adventssonntage.

Beispiel 2

Der gebundene Kranz mit den vier Kerzen ist in jedem Fall die traditionelle Form des adventlichen Arrangements in der Kirche. Versuchen Sie für diese liturgische Zeit einmal etwas anderes auszuprobieren.

Vier unterschiedlich große Betonsäulen aus Leichtbeton bilden die Grundlage für die Kerzen. Auf ihnen liegt je ein gebundener Tannenkranz. Violettes Seidenband ist streng nach unten gezogen und an der Säule mit doppelseitigem Klebeband unsichtbar befestigt. Auf dem Boden sind große Pinienzapfen locker um die Säulen gestreut.

Sie können anstatt der vielleicht etwas kühl wirkenden Betonsäulen auch alte Eichenbalken, die Sie sich in unterschiedlichen Höhen zurechtsägen lassen, verwenden. Sie sollten jedoch immer darauf achten, dass, egal was Sie verwenden, alles genügend Standfestigkeit besitzt; denn nichts ist ärgerlicher als umgefallene Kerzen, deren Wachs sich über den Fußboden ergießt.

Materialien:

- 4 unterschiedlich hohe Säulen aus Leichtbeton oder Holzbalken
- 4 dicke Adventskerzen
- 4 gebundene Kränze zum Umlegen der Kerzen
- farbiges Seidenband
- doppelseitiges Klebeband
- ausreichende Mengen dicker Tannen- oder Pinienzapfen

Beispiel 3

Inspiriert von dem großen adventlichen Propheten Jesaja, ist die abgebildete Adventsinstallation gestaltet: „Zieht ein, zieht ein durch die Tore, bahnt dem Volk einen Weg! Bahnt, ja bahnt die Straße und räumt die Steine beiseite! Richtet ein Zeichen auf für die Völker!“ (Jes 62,10).
Zunächst wird an der Stelle, an der die Installation aufgebaut werden soll, (Teich-)Folie oder ein alter Teppichrest ausgelegt, damit die Bruchsteine den Fußboden nicht beschädigen.
Dann werden die Steine nicht wahllos gelegt, sondern zu einer „geordneten“ Geröllhalde aufgeschichtet. Dabei sollte man von vorne herein darauf achten, dass dort, wo die Kerzen zu stehen kommen sollen, flache Steine liegen, damit man keine Kerzenleuchter benutzen muss. Die überstehende Folie wird nun beigeschnitten, so dass sie nicht mehr zu sehen ist.
Die Kerzen werden so platziert, dass sie eine aufsteigende Schräge ergeben. Hinter der Steinwüste wird der abgestorbene Ast in einem Christbaumständer aufgerichtet und von einem kleinen Scheinwerfer angestrahlt.
Die Christrosen werden nicht von Anfang an zu den Kerzen gestellt, sondern wenn die erste Kerze entzündet wird, wird eine Christrose dazugestellt, deren Topfballen mit Moos oder Jute umwickelt sein sollte; eine Woche später folgt die zweite Christrose und so weiter. Auch für die Topfpflanzen müssen in der Installation ebene Stellflächen vorgesehen sein.
Eine andere Möglichkeit ist, die Geröllhalde in zwei Hälften aufzuteilen und zwischen den Steinen einen Weg mit Torf oder Sand zu legen, der ansteigt. Auf diesem Weg werden die Kerzen und Christrosen aufgestellt. (siehe Beispiel 5)
Diese Installation, die mit einem relativ großen zeitlichen Aufwand errichtet wurde, muss in der Weihnachtszeit nicht abgebaut werden:
Besorgen Sie sich Moos, mit dem ein Teil der Steine bedeckt wird. An die Stellen, an denen die Adventskerzen gestanden haben, können kleine Blumengestecke – etwa aus Amaryllis – gestellt werden. Der tote Ast kann durch eine kleine Fichte ersetzt werden.

Und in Anlehnung an die Osterkerze kann eine große Kerze in die Installation gestellt werden, die auf den Johannes-Prolog verweist: „Das Licht leuchtet in der Finsternis und die Finsternis hat es nicht erfasst." (Joh 1,5).

Materialien:

- (Teich-)Folie oder ein alter Teppichrest
- Sauerländer Grauwacke – es gehen selbstverständlich auch alle anderen Steine (so habe ich zum Beispiel einmal für eine ähnliche Gestaltung im Bonner Theologenkonvikt Albertinum Bruchsteine vom Kölner Dom besorgt)
- ein Christbaumständer
- ein abgestorbener Ast eines Apfelbaums
- kleiner Scheinwerfer
- vier weiße Altarkerzen
- vier Christrosen
- Jute, Moos
- gegebenenfalls Torf (oder Sand)

Beispiel 4

Angeregt von der Beschäftigung mit der altägyptischen Mythologie, entstand der Gedanke, die Adventskerzen mit Lotusblättern zu schmücken. Lotusblätter werden luftgetrocknet und sind leicht zu verarbeiten, jedoch reißen sie auch schnell ein, weshalb man bei der Verarbeitung ein wenig vorsichtig vorgehen muss. Sie können mehrfach verwendet werden, verlieren mit der Zeit ihre grüne Farbe und werden eher graugrün.

Alle vier Adventskerzen erhalten ein Lotusblatt: an der ersten wird ein kleiner Abschnitt, der aus einem größeren Blatt herausgelöst wird, mit Hilfe einer Bastschnur angeknotet. Die zweite erhält einen etwas größeren Abschnitt, der mit zwei Bastschnüren gehalten wird, die dritte einen noch größeren, mit drei Bastschüren, die vierte Kerze schließlich ein ganzes Lotusblatt, gehalten von vier Bastschnüren.
Die Kerzen werden vor dem Ambo auf schlichten, unterschiedlich hohen Betonsteinen aufgestellt.
An Weihnachten kann man die Adventskerzen gut durch eine große Kerze ersetzen, die ebenfalls mit Lotusblättern geschmückt ist. (siehe Seite 28)

Die blaue Lotusblüte galt im Alten Ägypten als heilig. Seit dem Neuen Reich (1550-1070 v. chr.) symbolisierte ein auf einer Lotusblüte sitzendes Kind die göttliche Geburt des Sonnengottes.
Dem Fest des römischen Sonnengottes „Sol invictus", das Kaiser Aurelian im Jahr 274 zu Ehren des syrischen Sonnengottes von Emesa einführte, wurde von der christlichen Gemeinde in Rom das Geburtsfest Christi gegenüber gestellt, weil Christus als „Sonne der Gerechtigkeit" (Mal 3,20) und als „Licht der Welt" (Joh 8,12) verehrt wird.

Materialien

- vier weiße Altarkerzen
- Lotusblätter (besorgt Ihr Blumenhandel)
- Bast
- vier Betonsteine (aus dem Baumarkt)

Beispiel 5

Bei der hohen Stufenanlage zum Chorraum im Hildesheimer Dom bietet sich in Anlehnung an Jes 62,10 abermals eine Weggestaltung an, die zum Ambo führt.
Zunächst werden Pappen auf die Stufengröße zugeschnitten. Diese sind für die Frontseite etwa 3-5 cm höher als die Vorderseite der Stufen; die überstehenden Enden werden an Ort und Stelle im rechten Winkel geknickt und später auf die Trittseite der Stufen gelegt.
Nun werden die Pappen mit Sprühkleber eingesprüht, auf die dann dünn die Blumenerde aufgestreut wird. Dabei sollten die überstehenden Stücke nicht mit Blumenerde bedeckt sein. Wenn der Weg gelegt wird, können die Front- und Trittseiten mit doppelseitigem Klebeband verbunden werden, damit sie nicht verrutschen. Entlang des Weges werden Kieselsteine gelegt.
Nun werden die weißen Adventskerzen auf dem Weg verteilt. An jedem Adventssonntag wird um die zu entzündende Kerze ein grüner Kranz gelegt.
Es gibt zwei Möglichkeiten, die Kerzen anzuzünden: von oben nach unten, um zu symbolisieren, dass das Licht in die Welt kommt, oder von unten nach oben, so dass an Weihnachten vor dem Ambo eine große Kerze für Christus aufgestellt werden kann.
Anstelle der vier Adventskerzen werden an Weihnachten vier kleine Blumengestecke gestellt, damit der Weg nicht so kahl aussieht.

Wie man auf dem Foto sehen kann, ist am Vierungspfeiler hinter dem Ambo eine Grünfläche angebracht. Diese kann bereits zum dritten Advent, dem Sonntag „Gaudete“, aufgehängt werden.
Als Untergrund für die Grünfläche nimmt man auf Maß zugeschnittene Moniereisen, in die dann Tannengrün hineingeflochten wird, sodass sich eine geschlossene grüne Fläche ergibt. Dabei kann man ruhig verschiedene Nadelsorten verwenden, was die Flächen lebendig macht. Je nachdem, wie der Kirchenraum beschaffen ist, bietet sich an, auf die gewöhnlichen Fichten in der Weihnachtszeit zu verzichten und stattdessen die Kirchenwände an eini-

gen Stellen mit den oben beschriebenen grünen Flächen, die unterschiedlich groß sein können, zu gestalten.
An Weihnachten werden auf die grünen Flächen weiße Orchideen angedrahtet. Dazu nimmt man die Pflanzen aus dem Topf und entfernt das Substrat, so dass unter den grünen Blättern die Luftwurzeln zu sehen sind. Diese werden in der Weihnachtszeit mit einer Sprühflasche immer wieder befeuchtet.
Man kann aber auch weiße Amaryllis auf die grünen Flächen drahten: Zunächst werden die Stiele gerade geschnitten und das Ende mit Tesafilm umwickelt, damit die Stiele nicht aufspleißen. Dann werden sie mit dem Stiel nach oben aufgehängt, so dass die Blüte nach unten zeigt. Dabei werden die Blumen vorsichtig mit Blumendraht befestigt, der mit einer Kordel oder einer Schleife verdeckt werden kann. Nun füllt man die Stiele mit Wasser und kontrolliert regelmäßig, ob Wasser nachgegossen werden muss, damit die Blumen gut halten.

Materialien:
- Pappe
- Sprühkleber
- Blumenerde
- Kieselsteine
- vier weiße Altarkerzen
- vier Kränze aus Grün

gegebenenfalls:
- Moniereisen (Baustahlmatten)
- Tannengrün
- weiße Orchideen und/oder Amaryllis
- Blumendraht
- Tesafilm
- Sprühflasche

➤ Weihnachtsgestaltungen

Beispiel 1

Nachdem im Jahr 2014 die erste große Flüchtlingswelle nach Europa gekommen war, entstand die Idee, im Hildesheimer Mariendom anstelle des Stalls ein Zelt für die Krippe aufzuschlagen. Die Pfadfinder waren ganz begeistert von der Idee und boten sich an, eine Jurte aufzubauen.
Zunächst wurden die kleinen Tannenbäume im Hintergrund aufgestellt.
Als Unterbau für die Krippe diente ein Holzpodest, das mit einer Plastikplane abgedeckt wurde. Die Jurte wurde aufgebaut. Dabei wurden die Schrauben für die beiden Seile, von denen eine Jurte gehalten wird, in das Holzpodest geschraubt. Anschließend wurde mit Hilfe einer Kehrschaufel der Sand auf der Plane verteilt.
Die Ränder des Podestes wurden mit Tannenzweigen abgedeckt, in die einige weiße Christsterne gestellt wurden. Zum Schluss wurden die Krippenfiguren eingefügt – und alle Besucher verstanden sofort die Assoziation zur Flüchtlingswelle, zumal der damalige Bischof Norbert Trelle in seinen Predigten an und um Weihnachten herum die augenfällige Parallele ins Wort fasste.
Je nach Sakralraum und vorhandenen Krippenfiguren kann auch eine andere Szenerie dargestellt werden (z.B. Motto der Adveniat-Aktion, politisch brisante Themen, usw.).

Materialien:
- Holzpodest
- Plastikplane
- Jurte
- Sand
- Tannengrün
- weiße Christsterne
- Weihnachtsbäume
- Krippenfiguren

➤ Weihnachtsgestaltungen

Beispiel 2

Zunächst wird aus den Wurzeln ein Grundgerüst gelegt, in das später die Weihnachtssterne gestellt werden.
Mit Hilfe eines Christbaumständers wird ein Ast aufgestellt. Auf dem Bild ist ein abgestorbener Rhododendron-Ast zu sehen, der sich anbietet, weil er ziemlich stark verästelt ist.
Die Euphorbien werden frisch angeschnitten und das Ende der Stiele, aus dem weißlicher Saft austritt, über einer brennenden Flamme versiegelt. Dann werden die Plastikröhrchen mit Wasser gefüllt, verschlossen und die Euphorbien hineingesteckt. Diese werden nun auf die Verästelungen gelegt und mit Blumendraht befestigt.
Nun werden die Weihnachtssterne in die Wurzeln verteilt. (Wenn die Blumentöpfe sichtbar sind, kann man diese gut mit Moos abdecken.) Die Weihnachtskerze wird in das Arrangement hineingestellt. Zum Abschluss wird die Fichte dazu gestellt.

Materialien:

- Wurzeln
- weiße Christsterne
- ein trockener Ast
- weiße Euphorbien
- Plastikröhrchen (vom Blumenhandel)
- Blumendraht
- eine große Weihnachtskerze
- eine Fichte
- ggf. Moos

Tipp: Die Plastikröhrchen lassen sich einfach nachfüllen, indem man eine Einwegspritze mit Wasser befüllt, eine Kanüle aufsteckt und damit durch den Plastikdeckel sticht. So braucht man die Röhrchen nicht von den Blumen zu entfernen.

Beispiel 3

Seit Beginn des 20. Jahrhunderts fehlen auch in den Kirchen die Christbäume nicht. Je nach Kirchenraum werden sie entweder als großer Einzelbaum wirkungsvoll an einem sichtbaren Ort aufgestellt oder symmetrisch neben den Altären angeordnet. In manchen Kirchen wirken die naturbelassenen Bäume ohne jeglichen Schmuck besonders gut. In anderen Räumen wiederum ist es angebracht, sie mit Lichtern und Strohsternen zum Leuchten zu bringen. Hierbei spielt sicher auch die jeweilige Tradition und Vorliebe der Kirchengemeinde eine nicht unbeträchtliche Rolle.
Auf der Abbildung ist der klassizistische Altar einer Wallfahrtskirche erkennbar. Alles wirkt feierlich und sich bedingend. Die Symmetrie des Altares wird durch die Aufstellung der beiden Bäume links und rechts betont. Die klassischen Lichterketten (Schaftkerzen) schaffen neben den Strohsternen eine stimmungsvolle Atmosphäre. Aus alten Beständen wurde echtes Stanniollametta in dicken Bahnen ordentlich und gerade über die Bäume gehängt, was für den ein oder anderen etwas „altbacken" wirken mag – aber die Reaktionen der Besucher auf diese mittlerweile eher unübliche Art zu schmücken war überraschend! Man fühlte sich an die Zeiten erinnert, in denen Lametta an keinem Weihnachtsbaum fehlen durfte – und das nicht als negative Feststellung! Wer also noch „echtes" Stanniollametta besitzt, sollte es auf jeden Fall einmal ausprobieren und sich überraschen lassen, wie schnell man darüber ins Gespräch mit Besuchern kommen kann.

Materialien:

- die entsprechende Anzahl an Christbäumen (Hochaltar, Seitenaltäre – je nach Kirchenraum)
- ausreichend klassische Lichterketten
- Strohsterne
- Stanniollametta
- Christbaumständer und nötigenfalls Holzkeile zum Einstielen

Tipp: Angepasst an den Sakralraum ist eine alternative Gestaltung der Christbäume möglich: Wenn Sie auf Strohsterne, Lametta und Lichterkette verzichten möchten, füllen Sie Glasreagenzröhrchen mit Wasser und entsprechenden Blüten (z.B. Christsterne, weiße Rosen, Euphorbien)

Osterfestkreis

Der Osterfestkreis beginnt am Aschermittwoch und endet mit dem Pfingstfest. Zentraler Bestandteil ist die Feier der drei österlichen Tage, des Ostertriduums, von Gründonnerstag bis Ostern. Ihr voraus geht wie beim Weihnachtsfestkreis eine Vorbereitungszeit, und im Anschluss folgt ebenfalls eine Festzeit, die Osterzeit.
Anders als beim Weihnachtsfestkreis liegt das zentrale Fest nicht an einem festen Datum, sondern an einem variablen Termin: Ostern wird mit Bezug auf das Datum des jüdischen Paschafestes seit dem vierten Jahrhundert immer am Sonntag nach dem ersten Frühlingsvollmond gefeiert. Das kann frühestens am 25. März sein und spätestens am 25. April. Weil die Vorbereitungs- und die Festzeit feste Zeitspannen umfassen, sind die Anfangs- und Endpunkte ebenfalls beweglich.
Der gesamte Osterfestkreis feiert das Jahresgedächtnis vom Hindurchgang Jesu durch Leid und Tod zur Auferstehung. Diese Heilserfahrung ist allen zugesagt, die Jesus als Christen nachfolgen. Deshalb werden die Sakramente des Christwerdens im Osterfestkreis besonders bedacht und gefeiert.

Die österliche Bußzeit

Die 40 Tage vor Ostern, häufig auch Fastenzeit genannt, dienen der Vorbereitung auf Ostern und der Erinnerung an die eigene Taufe und der Umkehr. Die österliche Bußzeit bezieht sich mit der Zahl von 40 Tagen auf die Bibel: 40 Jahre dauert die Wüstenwanderung des Volkes Israel ins Gelobte Land, 40 Tage bleibt Mose auf dem Berg Sinai, 40 Tage wandert der Prophet Elija zum Gottesberg Horeb und auch Jesus ist vor seinem öffentlichen Wirken 40 Tage in der Wüste. Wer aber genau nachzählt, stellt fest: Von Aschermittwoch bis einschließlich Karsamstag sind es 46 Tage, denn: An den Sonntagen scheint Ostern immer durch. Am Aschermittwoch gibt es die Tradition, ein Aschekreuz auf die Stirn gezeichnet zu bekommen. Es verdeutlicht dem Gläubigen die eigene Vergänglichkeit und mahnt dazu, die eigene Lebenspraxis zu überdenken. Das Motiv der Tauferinnerung bzw. der Vorbereitung auf die Taufe kommt in der österlichen Bußzeit vor allem in den Schriftlesungen vor. In vielen Gemeinden stehen am Beginn von Gottesdiensten ein Taufgedächtnis und die Besprengung mit Weihwasser. Der Bußcharakter dieser Zeit wird durch viele unterschiedliche Zeichen ausgedrückt: Wie im Advent wirkt die liturgische Farbe Violett zurückhaltend und gedämpft. Bewusst wird auch auf üppigen Blumenschmuck verzichtet, ebenso auf die festlichen Gesänge „Gloria" und „Halleluja" in der Messfeier. In der Woche vor Palmsonntag verhüllen viele Gemeinden aus altem Brauch ihre Kreuze mit Tüchern. Besondere Gottesdienste in der Zeit vor Ostern sind Kreuzweg- und Bußandachten.

Die Heilige Woche (Karwoche) und die drei österlichen Tage

Die Karwoche beginnt sieben Tage vor dem Osterfestkreis mit dem Palmsonntag. Mit Prozessionen und geschmückten Palmzweigen wird an den Einzug Jesu in Jerusalem erinnert. In der Messfeier wird je nach Lesejahr die Passionserzählung nach Matthäus, Markus oder Lukas verkündet. Sie lenkt bereits den Blick auf die folgenden Tage.

Die Heiligen Drei Tage von Gründonnerstag bis zum Ostertag erinnern und feiern ausführlich den Weg Jesu vom Letzten Abendmahl durch sein Leiden und Sterben hin zur Auferstehung am dritten Tag. Wenn man es genau betrachtet, ist das Ostertriduum ein großer Gottesdienst über drei Tage hinweg. Am Gründonnerstag feiern wir die Messe vom letzten Abendmahl mit den wichtigen Schriftlesungen vom ersten Paschafest Israels in Ägypten, der Abendmahlsüberlieferung des Paulus und der Fußwaschung. Am Ende der Feier wird das Allerheiligste in einer Prozession zu einem Ort der Anbetung übertragen. Sie erinnert an das nächtliche Gebet Jesu im Garten Getsemani in der Nacht vor seinem Tod. Nach der Übertragung des Allerheiligsten wird der Altarraum leergeräumt. Schon vorher, ab dem Gloria, verstummen nach alter Tradition Orgel und Glocken.

Am Karfreitag und am Karsamstag gibt es keine Messfeiern. In einzelnen Kirchen werden am frühen Morgen Gebetsgottesdienste gehalten. Andernorts wird der Kreuzweg gebetet. Am Karfreitag, zur Todesstunde Jesu um 15 Uhr, versammelt sich die Gemeinde in Stille. Im Mittelpunkt des Wortgottesdienstes steht die Passion nach Johannes. In den Großen Fürbitten werden die Anliegen für die Kirche und Welt vorgetragen. Es folgen die feierliche Enthüllung und Verehrung des Kreuzes und eine schlichte Kommunionfeier kann sich anschließen. Der Karfreitag wird als stiller Tag in Trauer und zurückhaltend begangen.

Die Osternacht als Vigilgottesdienst bei Kerzenschein beginnt am Karsamstag nicht vor Einbruch der Dämmerung.
In der Lichtfeier zu Beginn wird das Osterfeuer gesegnet und die brennende Osterkerze als Zeichen für Christus, das Licht, in die Kirche getragen. Nach dem feierlichen Exsultet, dem Lob auf das Licht der Osterkerze, werden eigentlich sieben, aber mindestens drei Lesungen aus dem Alten Testament, die Epistellesung und das Evangelium von der Auferstehung verkündet. Das Gloria als Übergang zwischen Vigilgottesdienst und Messfeier sowie das Halleluja zum Evangelium erklingen wieder in festlicher Form, Orgel und Glocken sind natürlich wieder dabei.
Es folgt nach der Osterpredigt die Tauffeier, auch dann, wenn es keine Täuflinge gibt. Nach dem Lobpreis über das Wasser und seiner Segnung erneuern alle Mitfeiernden ihr Taufversprechen. Die Osternacht schließt mit der Bereitung des Altares und der Feier der Eucharistie.

Die Osterzeit

Ostern als christliches Fest mit der höchsten Bedeutung wird ausgiebig gefeiert, nämlich 50 Tage lang. Die liturgische Farbe ist Weiß. Es ist Festzeit. Die Kirchen sind feierlich geschmückt und das Halleluja kommt in vielen Gesängen vor. Die Osterkerze hat 50 Tage lang ihren Platz in der Nähe des Ambos, und die Schriftlesungen der Messfeiern, alle aus dem Neuen Testament, berichten vom auferstanden Herrn und der jungen Kirche. Darüber hinaus gibt es innerhalb der Osterzeit noch besondere Phasen und Tage: Die erste Woche hat die Bezeichnung Osteroktav. Jeder Tag gilt als Hochfest. Der freie Ostermontag ist ein Zeichen dafür, ebenso wie der folgende Sonntag. Sein Name „Weißer Sonntag“ weist darauf hin, dass erst an diesem Tag die Neugetauften ihre weißen Gewänder wieder ablegten, die sie in der Osternacht erhalten hatten. Dieser Tag ist traditionell oft der Termin der Erstkommunion.

Nach 40 Tagen feiert die Kirche Christi Himmelfahrt. Christus hat durch seine Auferstehung Raum und Zeit überwunden. Uns trägt er auf, die christliche

Botschaft allen Menschen zu verkünden. In manchen Gemeinden werden aus diesem Grund in den Tagen vor Christi Himmelfahrt Bittprozessionen durchgeführt.
Damit wir als Christen in der Welt wirken können, ist uns der Hl. Geist als Beistand gesendet. Seine Herabkunft in Feuerzungen auf die Jünger am fünfzigsten Tag wird an Pfingsten gefeiert. Es ist deshalb eine Art Geburtsfest der Kirche. Mit dem Pfingstfest endet die Osterzeit.

➤ Kreuzverhüllung

In den letzten beiden Wochen der Fastenzeit, der Passionszeit, werden in den Kirchen die Kreuze mit violetten Tüchern verhüllt. Am Karfreitag wird in der Liturgie vom Leiden und Sterben des Herrn unter dem Gesang „Ecce lignum crucis" ein verhülltes Kreuz in die Kirche getragen und enthüllt. Anschließend wird dieses Kreuz von den Gläubigen verehrt. Diese Verehrung stellt keine Mitleidsbezeugung dar, sondern muss als Huldigung des am Kreuz triumphierenden Herrn verstanden werden.
Wie geht man aber in der Fastenzeit mit sogenannten Triumphkreuzen um? Diese Frage stellte sich sechs Monate nach der Wiedereinweihung des Hildesheimer Mariendoms; denn bei der Neugestaltung des Domes war hinter dem Thietmarleuchter in der Apsis des Hochchores ein Kreuz aus Bergkristall aufgestellt worden, das auf der Irmensäule befestigt ist.
Dieses Kreuz wurde zum Aschermittwoch 2015 mit einer transluzenten Stoffbahn „verhüllt", das heißt mit einem Stoff, der lichtdurchlässig, aber nicht transparent ist. Dazu wurden in die Decke zwei Löcher gebohrt, durch die Stahlseile nach unten geführt wurden. An einer Metallstange, an der der Stoff mittels Schlaufe aufgehängt war, wurde die Stoffbahn nun bis in Höhe des Thietmarleuchters hochgezogen. In der Schlaufe am Boden war ebenfalls eine Metallstange, damit der Stoff glatt hängt.
Die Stoffbahn war farblich auf die Fenster abgestimmt, sodass man das Kreuz auf den ersten Blick gar nicht wahrnahm. Nur wer genauer hinschaute, erahnte das Kreuz …

Materialien:

- transluzenter Stoff, z.B. Voile
- Befestigungselemente

Tipps: Eine solche transluzente Verhüllung muss nicht unbedingt „schwebend" sein. Man kann den Stoff auch über das Triumpfkreuz hängen.
Sehr eigenwillig, aber nicht uninteressant ist es, den auf einem Kreuz befestigten Korpus mit Mullbinden zu verhüllen …

➤ Gründonnerstag

Beispiel 1

Vorbemerkung: Auch wenn in der Fastenzeit auf schmückende Blumen verzichtet werden soll, sollte zur Abendmahlsfeier am Gründonnerstag ein dezenter Blumenschmuck vorhanden sein, der gegebenenfalls schon eine Ahnung von der österlichen Gestaltung vermittelt.

Auf einer glatten Arbeitsfläche werden die Banana Sticks einander zugeordnet und dann mit Rebdraht untereinander verbunden. Diese Verästelung wird ebenfalls mit Rebdraht an einem Vortragekreuz befestigt.
Die Anthurien werden in mit Wasser befüllte Plastikröhrchen gesteckt. Als Hintergrund für das weiße Blatt kann gut ein großes grünes Anthurienblatt fungieren. Diese und weitere Blätter werden an die zusammengebunden Banana Sticks gedrahtet.

Materialien:

- Banana Sticks (Krummstäbe)
- weiße Anthurien
- Anthurienblätter
- Plastikröhrchen (vom Blumenhandel)
- Rebdraht (Blumendraht)

Rebdraht ist ein mit Papier umwickelter Blumendraht, der von Winzern verwendet wird, um die Reben hochzubinden.

➤ Gründonnerstag

Beispiel 2

Vorbemerkung: Manchmal kann man Elemente, die ihm Raum vorhanden sind, auch gut für die florale Gestaltung übernehmen. Auf dem Foto ist im Hintergrund ein Fastentuch zu sehen, von dem der „Blutstreifen" am unteren Rand in die Gestaltung mit roten Tulpen wieder aufgenommen wurde. Auch die weißen Calla nehmen die Kreuze farblich wieder auf.

Zunächst wird der Kaninchendraht auf die gewünschte Größe zugeschnitten und am rechten vorderen Rand der Eichenstele befestigt. Dies geht am einfachsten, wenn man den Draht auf das Holz legt, den man dann mit Hilfe der schmalen Pappstreifen und einer Heftpistole (oder Nägeln) festheftet. Dann wird der Draht von unten stückweise mit Eibe gefüllt und an der hinteren Seite der Stele befestigt. Das Holzbrett wird horizontal an die Stele genagelt. Und auch bei dem Brett wird der Kaninchendraht wie zuvor an der Stele mit Eibe gefüllt.
Nun werden die Tulpen in mit Wasser befüllte Plastikröhrchen gesteckt, ebenso die Calla. Die Tulpen werden nun auf dem Querbalken mit den Plastikröhrchen in den Draht gesteckt. Die Calla werden mit Blumendraht an der Stele befestigt. (Vgl. dazu auch das Beispiel Ostern 2, S. 52, bei der die Calla dann Verwendung fanden.)

Materialien:

- Eichenstele oder z.B. Holzstamm
- (spitz zulaufendes) Holzbrett
- Kaninchendraht
- schmale Pappstreifen
- Eibe
- Plastikröhrchen
- Blumendraht
- rote Tulpen
- weiße Calla

➤ Kreuzverehrung

Während der Karfreitagsliturgie gibt es den Ritus der Kreuzverehrung: Ein (verhülltes) Kreuz wird in die Kirche getragen und in drei Stationen zum Ruf: „Seht das Holz des Kreuzes, an dem das Heil der Welt gehangen. Kommt, lasset uns anbeten" enthüllt. Anschließend kommen die Gläubigen zum aufgerichteten Kreuz, um es mit einer Kniebeuge (und einem Kuss) zu verehren. Man kann auch ein schlichtes Holzkreuz in die Kirche tragen und die Gläubigen einladen, dieses Kreuz durch Auflegen einer langstieligen, roten Rose zu verehren: So wird aus dem „toten" Kreuzesholz ein Blütenmeer, das an Leben und Liebe erinnert.

Materialien:
- Holzkreuz
- rote, langstielige Rosen
- Betonstein, um das Kreuz ein wenig aufzurichten

➤ Ostergestaltungen

Beispiel 1

Ostern ist das höchste Fest im Kirchenjahr. Deshalb sollte die florale Gestaltung verdeutlichen, dass für uns Christen der Tod nicht Untergang und unausweichlich das Ende bedeutet, sondern ein neues, für uns noch unvorstellbares Leben beginnt (vgl. 1 Kor 15). Daher können Sie „alle Register ziehen" und dürfen wahrscheinlich auch mal etwas großzügiger beim Einkauf von Blumen sein.

Der moderne, eher schlichte Kirchenraum auf der Abbildung erlaubt eine asymmetrische Gestaltung, wobei an verschiedenen Orten verschieden große Blumenarrangements in Verbindung mit der Osterkerze und der Tabernakelsäule aufgestellt sind. Auch die Kerzenleuchter (hier nicht erkennbar) sind in Gruppen aufgestellt und bilden so eine wirkungsvolle Einheit mit der gesamten Altarinsel.

Gelb und Weiß sind die Farben der katholischen Kirche. Sie sind aber auch gleichzeitig Farben der Reinheit, des Lichtes und der besonderen Festlichkeit.

Weiße Rosen sowie gelbe Gerbera sind mit Solidum und unterschiedlichem Grün in große Bodenvasen gesteckt. Die Höhe der Gestecke wird durch frisch ausgetriebene Obstzweige, die zusätzlich noch als Grundgerüst dienen, erzielt. Sie geben den sonst eher konservativ wirkenden Gestecken Lockerheit. Die unterschiedlichen Blumen sind zu Gruppen gesteckt. Die Rosen weisen streng nach oben, die Gerbera sind eher flach und breit angeordnet.

Materialien:

- Rosen und Gerbera in den entsprechenden Farben und der Größe entsprechenden Menge
- Solidum und füllendes Grün
- große Zweige (z.B. Obstgehölz)
- große Bodenvasen
- mind. zwei Steckschwämme pro Gesteck (am besten mit Kaninchen-draht verbinden)
- für das weitere Arrangement: Bodenleuchter, Osterleuchter, etc.

Beispiel 2

Zunächst werden die Thuja, die ja auch Lebensbäume genannt werden, aufgerichtet und an Eichenstelen befestigt, alternativ könnten sie in Christbaumständer gestellt werden. Die trockenen Rhododendronäste werden in einem Baumständer fixiert und mit Bruchsteinen gesichert.
Nun werden die Calla in große, mit Wasser befüllte Plastikröhrchen gesteckt. An die Röhrchen knotet man einen Nylonfaden, der etwas länger als der gesamte Blütenstengel ist. Bevor man das zweite Ende unterhalb des Blütenkopfs befestigt, wird in den Nylonfaden ein Knoten gemacht. Dieser Knoten muss näher an der Blüte liegen, damit sie freischwebend wahrgenommen wird und das Plastikröhrchen nicht ausläuft. Ebenso werden zwei, drei Strelitzienblätter präpariert.
Anschließend werden in den trockenen Rhododendron unterschiedlich lange Nylonfäden gehängt, an denen nun die Calla und Strelitzienblätter befestigt werden. Dabei muss man auf genügend Abstand zwischen den einzelnen Blumen achten, damit diese sich frei (wie bei einem Mobile) bewegen können.
Danach werden zwei Stücke Kaninchendraht, die etwas länger als der Umfang des Maurerbottichs sind, zurechtgeschnitten und aufeinandergelegt. Eine Längsseite wird mit Blumendraht verdrahtet. Nun wird zwischen die beiden Drähte Eibe gefüllt und die zweite Längsseite verdrahtet. Der so entstandene „Eiben-Zaun" wird nun um den Bottich gelegt und die beiden Enden ebenfalls verdrahtet.
Der Bottich wird mit Wasser gefüllt, die Umwälzpumpe für den Quellstein hineingegeben, die Abdeckplatte darauf gelegt, der Quellstein aufgesetzt und die Platte mit Kieselsteinen abgedeckt. Wenn man mag, kann man noch einen kleinen Scheinwerfer auf den Quellstein richten, der das sprudelnde Wasser zum leuchten bringt.
Alle Elemente dieser Installation sind Zeichen für das Leben: die Thuja, die freischwebenden Blüten, das sprudelnde Wasser. Als dies weckt beim Betrachter Bilder vom Ostermorgen, vom Licht und vom neuem Leben (vgl. Joh 20,1).

Materialien:

- Lebensbaum (Thuja)
- trockene, entlaubte Rhododendronäste
- Calla
- Strelitzienblätter
- Plastikröhrchen (vom Blumenhandel), Nylonfaden
- Eichenstelen
- Christbaumständer
- Bruchsteine, Kieselsteine
- Maurerbottich mit Quellstein (aus dem Baumarkt)
- Eibe
- Kaninchendraht, Blumendraht
- kleiner Strahler

Beispiel 3

Die Böden der Glasvasen werden so weit mit Marmorkies gefüllt, dass die Rosen darin Halt finden.

Nun werden die Avalanche-Rosen unterschiedlich lang geschnitten, so dass eine Rose jeweils einen Blütenkopf kleiner ist. Die Rosen werden nun spiralförmig in den Marmorkies gesteckt.

Hinter den Glasvasen werden Tonvasen aufgestellt, die mit dem Hartriegel gefüllt werden und somit einen dunklen Hintergrund zu den weißen Rosen bilden, damit diese sich von der weiß verputzten Wand abheben.

Diagonal zwischen den Vasen wird eine „Blutspur", aus den getrockneten roten Rosen gelegt. Diese sind von der Kreuzverehrung am Karfreitag (s. Abschnitt „Kreuzverehrung", S. 48) aufbewahrt worden. So stellt diese Blumengestaltung eine Verbindung zwischen Leiden und Tod Jesu und seiner Auferstehung dar.

Materialien:
- Marmorkies
- Glasvasen
- weiße Avalanche-Rosen
- Tonvasen
- Hartriegel
- getrocknete, langstielige rote Rosen

➤ Ostergestaltungen

Beispiel 4

Ostern 2018, Hohe Domkirche zu Köln

Als Grundlage für diese raumgreifende, gotisch in die Höhe strebende florale Gestaltung benötigen sie eine Metallstange, die auf einem schweren Eisenfuß ruht. Zunächst befestigen Sie die Cornuszweige säulenartig um die Stange herum mit Rebdraht. In der Höhe sind sie variabel, je nach Kirchenraumgröße. Im Kölner Dom waren es bis zu 10m. Dann befestigen Sie die Asparagusranken, die vorher in Plastikröhrchen mit Wasser gesteckt wurden, in dem Cornusgerüst. Als letztes verfahren Sie ebenso mit den gelben Onchidienblüten und den weißen Dendrobienblüten. Diese Gestaltung ist völlig individuell wandelbar je nach Raumgröße, Blütenmenge und -größe und nicht zuletzt auch Budget.

Materialien:

- Metallstange mit Fuß
- Rebdraht
- gelbe Cornuszweige
- Plastikröhrchen
- Asparagusranken
- gelbe Onchidien
- weiße Dendrobien

➤ Christi Himmelfahrt

Katholikentag in Münster 2018, Abschlussgottesdienst

Als Erstes stellt man die Glaskuben in einem ausgewogenen Verhältnis, und mit dem notwendigen Abstand, um den Altar herum auf. Diese werden dann zu 2/3 mit Wasser aufgefüllt. Nun gibt man die Olivenzweige, die man vorher noch einmal lang und schräg anschneidet, in die Kuben hinein. Als letztes sprüht man fragmentarisch hier und da floralen Sprühkleber auf die Olivenzweige, und befestigt auf diese Weise Blattgoldpapiere. Diese vermitteln dadurch einen transzendenten Eindruck.

Materialien:

- Diverse Glaskuben
- Olivenzweige
- Sprühkleber
- Blattgold

- weiße Pfingstrosen
- blaue Hortensien
- grüner Schneeball

Um den Eindruck des Abschlussgottesdienstes zu betonen und dessen besondere Festlichkeit hervorzuheben, wurde der Blumenschmuck an diesem Tag durch weiße Pfingstrosen, blaue Hortensien und grünen Schneeball ergänzt.

SUCHE
FRIEDEN
9. – 13. Mai 2018
Katholikentag Münster

Zeit im Jahreskreis und weitere Feste

Die verbleibende Zeit neben dem Weihnachts- und dem Osterfestkreis wird „Zeit im Jahreskreis“ oder „Allgemeine Zeit im Kirchenjahr“ genannt. Sie findet sich unterteilt in zwei Abschnitte jeweils zwischen den beiden Festkreisen: vom Montag nach dem Fest der Taufe Jesu bis einschließlich Dienstag vor Aschermittwoch und vom Montag nach Pfingsten (Pfingstmontag) bis zum Samstag vor dem 1. Advent.

Je nach Lage der beiden Festkreise umfasst die Zeit im Jahreskreis 33 oder 34 Wochen. Gezählt werden die Wochen durchgehend über beide Zeitabschnitte. Das Fest Taufe Jesu gilt automatisch als 1. Sonntag im Kirchenjahr und das Fest Christkönig als 34. und damit letzter Sonntag im Kirchenjahr. Wenn ein Jahr nur 33 Wochen im Jahreskreis aufweist, wird direkt nach Pfingsten eine Woche übersprungen.
In den evangelischen Kirchen zählt man übrigens nach einer älteren Tradition die Sonntage und Wochen im ersten Zeitabschnitt nach Ephiphanias und im zweiten Zeitraum nach Trinitatis. Prägend für die Zeit im Jahreskreis ist vor allem die wöchentliche Feier des Sonntags als Wochenpascha. Hinzu kommen weitere Ideenfeste und Festtage sowie die Feiern und Gedenktage aus dem Heiligenkalender.

Der Sonntag

Der ursprüngliche Feiertag ist der Sonntag. Die Jünger versammeln sich von Anfang an am Tag der Auferstehung des Herrn, am Herrentag, zum Brotbrechen. Aus jüdischer Perspektive ist es nach dem Sabbat der erste Tag der Woche und gleichzeitig aufgrund des Wochenrhythmus der achte Tag, der Beginn einer neuen und größeren Schöpfung. Schon seit dem Jahr 321 gilt der Sonntag bis heute in christlichen Regionen als Tag der Arbeitsruhe. Die Eucharistiefeier am Sonntag wird so zu Quelle und Höhepunkt, von der alle Kraft ausgehen und auf die alles hinströmen kann.
Verschleiert wird der österliche Charakter des Sonntags hin und wieder durch „thematische Gottesdienste“, z.B. Diaspora-Sonntag, Weltmissions- und Caritas-Sonntag.

Die Ideenfeste und weitere Festtage im Jahreskreis

Es gibt einige Anlässe im Kirchenjahr, die sich nicht auf biblisch begründete Ereignisse der Heilsgeschichte beziehen, sondern einen frommen Gedanken oder eine theologische Lehre feiern. Sie werden Ideenfeste genannt. Vier von ihnen haben den Charakter eines Hochfestes und stehen als bewegliche Feste in zeitlicher Abhängigkeit vom Ostertermin:

Das Dreifaltigkeitsfest liegt am Sonntag nach Pfingsten. Man kann es einfach gesagt als die feierliche Zusammenfassung des gemeinsamen Wirkens von Vater, Sohn und Hl. Geist kennzeichnen. Seit dem 14. Jahrhundert ist es in der Gesamtkirche verbindlich.

An Fronleichnam feiern wir das Hochfest des Leibes und Blutes Christi, den lebendigen Leib des Herrn. Sein Termin liegt am Donnerstag nach Dreifaltigkeit, also 60 Tage nach Ostern. So erhält dieses Fest eine Verbindung zum Gründonnerstag, dem Tag des Letzten Abendmahls. Fronleichnam entstand im Mittelaltar, als den Menschen das ehrfürchtige Schauen der Eucharistie viel wichtiger war als der Kommunionempfang, wie wir ihn heute kennen. Das Erheben der Hostie und der eucharistische Segen entspringen diesem Verlangen. Prunkvolle Prozessionen dienten dazu, den eucharistischen Segen des Herrenleibs in die Felder und Ortschaften zu tragen. Heute wird die Fronleichnamsprozession stärker als symbolischer Ausdruck gesehen, dass das pilgernde Volk Gottes mit dem Herrn unterwegs ist und sich gesendet weiß in die verschiedenen Lebenszusammenhänge. Weil die Eucharistie durch die Kommunion auch das Sakrament der Einheit darstellt, gehen immer mehr Pfarreien dazu über, dieses Fest gemeinsam zu begehen.

Seit dem 19. Jahrhundert feiert die Kirche das Herz-Jesu-Fest. Schon im Mittelaltar und in der Folgezeit förderten immer wieder christliche Persönlichkeiten eine Frömmigkeit, die die Liebe Christi zu den Menschen in den Mittelpunkt stellt. Symbolisch steht dafür das Herz Jesu, aus dem am Karfreitag nach dem Lanzenstich des Soldaten Blut und Wasser hervorströmte. Wegen dieser Verbindung zum Karfreitag liegt das Herz-Jesu-Fest immer an einem Freitag, dem dritten nach Pfingsten. Eng verbunden mit diesem

Ideenfest sind auch die Herz-Jesu-Freitage jeweils am ersten Freitag im Monat.

Am letzten Sonntag im Kirchenjahr feiern wir Christkönig. Eingeführt wurde es erst 1925, als in Europa viele Königshäuser abdankten und Demokratien und Republiken mit verstärkt nationalistischen Tendenzen entstanden. Jesus Christus als König des Weltalls steht über allen menschlichen Machtansprüchen.

Als weitere Ideenfeste seien als Beispiele nur genannt: Fest der Heiligen Familie, (1. Sonntag nach Weihnachten), Fest vom Namen Jesu (3. Januar) oder zahlreiche Marienfeste.

Schließlich gibt es noch einige bekanntere Feste, die während der Zeit im Jahreskreis gefeiert werden. Verklärung des Herrn feiert am 6. August das in den Evangelien berichtete Offenbarungsereignis auf dem Berg Tabor. Kreuzerhöhung am 14. September ist das Gedächtnis der Aufstellung einer Kreuzreliquie in Jerusalem im Zusammenhang mit einer Weihe der Grabeskirche im vierten Jahrhundert.

Das Kirchweihfest begeht jede Gemeinde dem jeweiligen Datum entsprechend. Es kann also auch im Weihnachts- oder Osterfestkreis liegen. Besondere Bedeutung für ein Bistum hat immer der Weihetag der eigenen Domkirche. Und für die Weltkirche wird am 9. November der Weihetag der Lateranbasilika, der Hauptkirche des Papstes in Rom, gefeiert.

Ab dem 2. Jahrhundert entwickelt sich in der Kirche die Heiligenverehrung. Schon vorher ist es urchristlicher Brauch, dass sich Familien zum jährlichen Totengedächtnis am Grab ihres Verstorbenen versammeln und die Eucharistie feiern.
Mit der Zeit kommt an Todestagen wichtiger christlicher Persönlichkeiten, vor allem Märtyrern, sogar die ganze Gemeinschaft zusammen. Christliche Gruppen in anderen Orten übernehmen das Märtyrergedächtnis und ersetzen das fehlende Grab durch Reliquien. Und schließlich weitet sich das Spek-

trum der Verehrten aus, z.B. auf Apostel, Bekenner, wichtige Bischöfe, also: herausragende Vorbilder im Glauben.
Hinter jeder Heiligenverehrung steht im Grunde das Bekenntnis, dass in diesem Menschen Gottes Gnade wirksam und durch ihn besonders spürbar geworden ist. Das Gedenken der Heiligen trägt also immer österlichen Charakter. Die Fürsprache des Heiligen zu erbitten, darf man nicht als ihre Anbetung deuten, sondern als Vertrauen darauf, dass Lebende und Verstorbene in Christus vereint sind und füreinander einstehen. Die bekannte Allerheiligenlitanei aus der Osternacht oder bei Tauf- und Weihefeiern ist bewusst gerahmt durch Christusrufe am Beginn und am Ende.
Im Lauf der Zeit wächst die Zahl der Heiligen stetig an. Die Kirchenleitung in Rom sorgt deshalb immer wieder für Neuordnungen im Kalender. Weltweit sollen nur die Heiligen verehrt werden, die auch wirklich für alle von Bedeutung sind. Daneben gibt es aber die regionale Verehrung von Vorbildern im Glauben, die als Heilige oder auch Selige in bestimmten Ländern oder einzelnen Bistümern, aber nicht weltweit verehrt werden.
Erst ab dem 4. Jahrhundert kommt die Marienverehrung auf, die sich heute in zahlreichen Fest- und Gedenktagen widerspiegelt sowie in den Marienmonaten Mai und Oktober. Letztendlich wird die Gottesmutter Maria wegen unerschütterlichem und treuem Glauben gegenüber Gott verehrt. Sie wird so zur Mutter der Glaubenden und zum Urbild der Kirche.
Zwei besondere Anlässe des Heiligenjahres müssen noch erwähnt werden: An Allerheiligen werden bewusst auch all die Heiligen verehrt, die noch nicht durch die Kirche offiziell heiliggesprochen sind. Diesem Festtag folgt mit Allerseelen der Gedenktag aller Verstorbenen. Aus diesem Anlass sind Gräbersegnungen in den Pfarreien weit verbreitet.
Von besonderer Bedeutung ist der Gedenktag eines Heiligen für eine Kirche, die seinem Namen trägt, also einem bestimmten Heiligen geweiht ist. Die Pfarrei feiert diesen Tag mit dem so genannten Patronatsfest. Neben einer Eucharistiefeier sind über den Tag verteilte Betstunden oder Andachten vor dem ausgesetzten Allerheiligsten verbreitet.
Kirchen, die keinen Heiligen, sondern einem heilsgeschichtlichen Ereignis oder einem Ideenfest geweiht sind, z.B. Mariä Himmelfahrt oder Christus König, feiern den entsprechenden Tag als Titularfest.

Grundsätzlich haben im Kirchenjahr die Feiern des Herrenjahres Vorrang. Wenn also Fronleichnam auf den 5. Juni, den Festtag des heiligen Bonifatius fällt, entfällt dieser und das ranghöhere Fest Fronleichnam wird begangen. Es gibt aber einzelne, nicht selten komplizierte, Ausnahmen für einzelne Feste. Fällt z.B. Allerseelen auf einen Sonntag, verdrängt dieses Fest den entsprechenden Sonntag im Jahreskreis.

Verehrung eines Marienbildes

Nicht wegzudenken aus dem katholischen Brauchtum im so genannten Marienmonat Mai, sind die Maiandachten. Sie sind Ausdruck und vielerorts gepflegte Tradition einer besonderen Marienfrömmigkeit, die sich seit der Barockzeit bis heute erhalten hat. Vor einem in besonderer Weise geschmückten Marienbild, einer Figur oder an Wallfahrtsstätten einem Gnadenbild, werden Texte gelesen, Lieder gesungen, der Rosenkranz gebetet und Weihrauch entzündet.

Mancherorts schließt die Maiandacht mit der Aussetzung des Allerheiligsten in der Monstranz und einer damit verbundenen Sakramentsandacht. All dies sind Ausdrucksformen menschlicher Sehnsucht nach einem Stück greifbarem Himmel.

In vielen katholischen Kirchen gibt es eine Darstellung der Gottesmutter Maria. Oft wird sie schon durch besonderen Blumenschmuck oder durch Kerzen während des ganzen Kirchenjahres hervorgehoben. Gläubige bringen manchmal Blumen oder andere Gegenstände zur Verehrung und stellen sie am Marienbild auf. Natürlich muss es gestattet sein, dem Betenden in seiner persönlichen Verehrungsweise Raum und Ort zu geben. Trotzdem sollte gerade hier, durch vorsichtiges und sehr behutsames Entfernen oder Neuarrangieren, darauf geachtet werden, dass der Marienaltar nicht zu sehr in den Vordergrund gerät. Auch Gegenstände, die zwar subjektiv betrachtet, Ausdruck besonderer Verehrung sein können, sollten nur über einen kurzen Zeitraum abgelegt bleiben. Es sei denn, es handelt sich hierbei um Votivgaben, also Gegenstände, die in einem besonderen Zusammenhang mit einer Gebetserhörung stehen und besonders an Wallfahrtsorten zu finden sind.

Neben den Marienbildern gibt es in vielen Kirchen weitere Statuten von Heiligen und Seligen. Am jeweiligen Gedenktag bietet es sich an, diese mit Blumen zu schmücken. Dabei ist es wichtig, dass der Blumenschmuck harmonisch abgestimmt wird.

Neben der floralen Gestaltung bei Marienbildern und Heiligenfiguren gibt es aber auch Gelegenheiten, zu besonderen Anlässen ein Vortragekreuz (s. S. 45) oder die Osterkerze durch Blumenschmuck zu akzentuieren.

➤ Sonntagsgestaltungen

Beispiel 1

Vorbemerkung: In der Regel sollten auch in der „grünen Zeit", also der Zeit im Jahreskreis, Blumen den Sakralraum schmücken. Je nachdem, wie groß das Budget ist, werden frische Blumen eingekauft oder man schaut in Gärten, was gerade blüht. Im Nachfolgenden gibt es einige Vorschläge für eine mögliche Gestaltung, die über den einfachen Blumenstrauß hinausgehen:

Zunächst wird der Ast in einem Christbaumständer zum Stehen gebracht. Dann wird mit Blumendraht an einer geeigneten Stelle das Steckgefäß, das mit gewässertem Steckschwamm gefüllt ist, fixiert.
In den Steckschwamm werden die Strelitzien und zwei, drei Kängurupfoten arrangiert. Das Monstera-Blatt wird so vor das Steckgefäß drapiert, dass dieses nicht mehr sichtbar ist. (Gegebenenfalls befestigt man die Blattunterseite mit doppelseitigem Klebeband am Steckgefäß.) Um ein wenig Fülle zu bekommen, kann man im Hintergrund noch etwas Grün in das Gesteck integrieren.
Nun werden weitere Kängurupfoten in Plastikröhrchen gesteckt und an einem seitlichen Ast aufsteigend festgedrahtet. Zum Schluss wird der Christbaumständer mit einem Tuch abgedeckt.

Materialien:

- abgesägter, entlaubter Busch oder Ast
- Christbaumständer
- Blumendraht
- Steckgefäß, Steckschwamm
- Strelitzien
- Kängurupfoten (Anigozanthos)
- Monsterablatt oder Anthurienblatt
- ggf. Grün zum Füllen
- Plastikröhrchen
- Tuch

Beispiel 2

Müssen es immer klassische Blüten sein? Man kann auch mit Artischocken oder Zierkohl wirkungsvolle Gestaltungen machen. Im Bild sind dazu drei Eichenstelen aufgerichtet. Man kann aber ohne weiteres auch Baumstämme oder Äste verwenden.

An den beiden äußeren Stelen wurde Butterbrotpapier, teilweise glatt, teilweise gefältet, mit einer Heftpistole angebracht (wobei das auch mit Heftzwecken funktioniert). An der rechten Stele wurde in einem mit Wasser befüllten Plastikröhrchen ein Stielgrasstrang streng gebündelt und mit Blumendraht angebracht. Im unteren Drittel wurde ebenfalls ein Bündel Stielgras horizontal zwischen Holz und Papier nach vorne durchgesteckt und mit Blumendraht befestigt. Das vordere Ende dieses Stielgrases ist nicht gebündelt, so dass es sich leicht auffächert.

An der mittleren Stele wurden fünf Artischocken, die ebenfalls in Plastikröhrchen stecken, festgedrahtet. Damit diese sich farblich vom Holz abheben und auf die Entfernung sichtbar sind, wurde aus Butterbrotpapier eine Manschette gemacht, die den Hintergrund für die Blüte bildet.

Die Gestaltung wird – vor allem wegen der dunklen Backsteinwände – von drei kleinen Strahlern, die man im Baumarkt kaufen kann, angestrahlt.

Materialien:

- Eichenstelen oder Äste
- Butterbrotpapier
- Heftpistole / Heftzwecken
- große Plastikröhrchen
- Stielgras
- Blumendraht
- Artischocken (oder Zierkohl)
- Scheinwerfer

Zunächst positioniert man den vertrockneten Eibenstamm. Dann befestigt man die roten Anthurien in die Plastikröhrchen. Diese fügt man dann in einem harmonischen Verhältnis in den Eibenstamm. Ebenso platziert man nun die Stelitzienblätter und die gefärbten Formiumblätter.

Materialien:

- vertrockneter Eibenstamm oder ähnliches
- Plastikröhrchen
- rote Anthurien
- Strelitzienblätter
- gefärbte Formiumblätter, getrocknet

➤ Gestaltungen zu Erntedank

Beispiel 1

Auch hier gibt es sicherlich die unterschiedlichsten Möglichkeiten des Arrangements der Erntegaben. In der Stadt werden es andere Gaben sein, die vor den Altären aufgestellt werden als auf dem Land, wo u. U. noch die klassischen Gemüse- und Obstsorten in Massen gebracht werden und mit denen man seinen Dank für die Schöpfung und die Ernte bezeugen möchte. Verschiedene Kohlsorten, Kürbis, Äpfel und Kartoffeln gehören zu diesem Erntealtar. Auf der Abbildung erkennt man, wie sich die Gaben aus großen Körben wie übervolle Füllhörner auf das alte Sackleinen ergießen. In der großen Vase sind Lampionblumen und buntes Laub einfach und locker arrangiert. Etwas Heidekraut kann das „Fallobst" ein wenig auflockern.
Die Körbe werden mit Füllmaterial ausgekleidet, so dass Obst und Gemüse nur für den sichtbaren Bereich benötigt werden.

Materialien:

- Sackleinen
- Füllmaterial
- verschiedene Körbe
- verschiedenes Obst und Gemüse
- Bodenvasen oder große Kübel
- Lampionblumen und buntes Laub
- ggf. Heidekraut

Beispiel 2

Natürlich kann man zu Erntedank die „traditionellen" Gaben (Korn, Brot, Kürbis usw.) arrangieren. Aber es geht auch anders:
Ein toter Ast (auf dem Foto ein abgestorbener Philodendron) wird an einem Eichenständerwerk aufgerichtet. Alternativ zu dem aus alten Fachwerkbalken zusammengebauten, relativ schweren Gebilde, kann man selbstverständlich einen Christbaumständer verwenden, um den Ast aufzurichten.
In die Verästelung hängt man Ranken vom russischen Wein, der sich im Herbst schön rot färbt. Hier sind aber auch Efeuranken oder anderes Rank-Gewächs denkbar.
Die kleinen Sonnenblumen, mit nicht zu dickem Stiel, werden in große Plastikröhrchen, die mit Wasser befüllt wurden, gesteckt. Anschließend werden sie am Stamm des Astes aufsteigend geschichtet und mit Blumendraht befestigt.
Davor werden zwei, drei Körbe mit Obst gestellt. Auf dem Foto ist ein Korb mit roten Äpfeln gefüllt. Der zweite Korb ist mit Pflaumen gefüllt, die gut zu den, in Plastikröhrchen gesteckte Sonnenblumen, kontrastieren.

Materialien:
- toter Ast
- Eichenständerwerk, alternativ: Christbaumständer
- Ranken vom russischen Wein
- kleine Sonnenblumen
- große Plastikröhrchen
- Blumendraht
- Körbe
- Obst

➤ Gestaltungen zu Allerheiligen

Beispiel 1

Zunächst befestigt man das Steckgefäß mit einem oder mehreren Nägeln in entsprechender Höhe an der Stele und verkleidet es mit Jute. Die gewässerte Steckmasse wird in das Gefäß gegeben, das nun mit Wasser aufgefüllt wird. Als nächstes beginnt man, von oben nach unten erst den Amaranthus und dann die Dekochrysanthemen gruppiert einzustellen.
Abschließend wird das Monsterablatt so in die Steckmasse eingefügt, dass das Steckgefäß verdeckt ist.

Materialien:

- Eichenstele oder z.B. Holzstamm
- Steckgefäß und Steckmasse
- Hammer und Nägel
- Jute
- Dekochrysantheme, weiß
- Amaranthus Fruchtstände
- Monsterablatt

Tipp: Als Steckgefäß eignen sich gut eine Konservendose oder eine (stabile) Plastikflasche, von der man den Hals abgeschnitten hat.

Beispiel 2

Um den Bambusstangen Halt zu geben, spannt man zunächst die Lianen mit Hilfe von Hammer und Nägeln in die Baumrindenscheiben ein. Alternativ lässt sich auch aus Ästen ein Gerüst bauen, das dann in den Baumrindenscheiben befestigt wird.

Dann wickelt man die Bambusstangen mit dem Wickeldraht eng von unten nach oben ab. Diese befestigt man in spannungsreichen Verhältnissen mit Wickeldraht an den Lianen.

Nun kann man die Dendrobienrispen mit den mit Wasser gefüllten Plastikröhrchen versehen und an beliebigen Stellen in das Gesamtbild einsetzen. Reizvoll ist es, eine einzelne Blüte, die in ein Plastikröhrchen gesteckt wird, ans Ende der Bambusstangen zu plazieren.

Materialien:

- Baumrindenscheiben
- Lianen oder Astwerk
- Hammer und Nägel
- Bambus mit Grün
- Wickeldraht
- Plastikröhrchen
- Dendrobienrispen

➤ Gestaltungen zu einem Marienbild

Beispiel 1

Die Abbildung zeigt die Nachbildung einer gotischen Madonna, die auf einer schlichten Betonsäule (Leichtbeton) im Bereich des Altarraumes aufgestellt ist. An den vier Ecken stehen Standleuchter aus Bronze, dazwischen schmale, längliche Steckschalen aus Schieferimitat, die wiederum die Optik des Schieferbodens der Kirche aufgreifen.
Zuerst füllt man die Steckschalen mit gewässerter Steckmasse. Diese muss so zugeschnitten sein, dass, wenn man sie in der Schale einfügt, das obere Schalendrittel frei bleibt, um eine ausreichende Wasserversorgung zu gewährleisten. Nun werden in unterschiedlichen Höhen Gerbera, Rosen, Allium und Disteln sowie füllendes Grün locker arrangiert. Frisch getriebene Eichenzweige verstärken den lockeren Eindruck der Gestecke und bilden so einen reizvollen Kontrast zu der strengen Figur und der Säule. Die Farben der Blumen sind hierbei Rosa und Blau, aber auch andere stimmige Farbkombinationen sind möglich. Im Anschluss kann die Steckmasse noch mit Moos abgedeckt werden.
Dabei ist darauf zu achten, dass die Blumen nicht starr gesteckt, sondern ihrem Wuchs folgend aufrecht nebeneinander stehen – so, als würde man ein locker gepflanztes Beet oder eine Naturwiese betrachten.

Materialien:
- schmale Gefäße, z.B. aus Schieferimitat
- Steckmasse
- Gerbera, Rosen, Allium und Disteln
- frisch getriebene Zweige (Eiche, Buche, etc.)
- Moos zum Abdecken des Schwammes

➤ Gestaltungen zu einem Marienbild

Beispiel 2

An besonderen Festtagen bietet sich auch die spezielle florale Gestaltung der Seitenkapellen an, etwa zu einem Marienfest.

Im Bild zu sehen ist ein Thronus sapientiae, wie diese Mariendarstellung kunsthistorisch genannt wird.

Am Sockel unter der Mariendarstellung wurden Rebzweige mit Blumendraht verdrahtet. Anschließend wurden Rosen in mit Wasser gefüllt Plastikröhrchen gesteckt und in die Zweige hineindrapiert.

Als Blumenschmuck sind alternativ auch Lilien vorstellbar. Die Mariendarstellung auf dem Bild hält in der rechten Hand eine stilisierte Lilie, wobei die Lilie Symbol für die Reinheit ist.

Materialien:

- Weinreben oder Zweige
- Blumendraht
- Plastikröhrchen
- Rosen

Tipp: Entfernen Sie von den Rosen möglichst viele Blätter, denn die benötigen ebenfalls Wasser, so dass die Blumen schneller welken.

Thronus bzw. Sedes sapientiae („Thron, Sitz der Weisheit"). In Anspielung auf den alttestamentlichen Thron Salomons wird die sitzende Maria mit dem Jesusknaben (als verkörperte Weisheit) auf dem Schoß als *Thronus sapientiae* bezeichnet. Es ist ein besonders in der Romanik und Frühgotik häufig verwendetes Bildmotiv, das im 13. Jahrhundert zu seiner weitesten Verbreitung gelangte. Das Jesuskind wirkt wie ein verkleinerter Erwachsener.

Die Grundlagen der floralen Gestaltung

Ordnungsarten

Eine der wichtigsten Überlegungen, die ein mit floralem Werkstoff Gestaltender treffen sollte, ist die Entscheidung im Hinblick auf die entsprechende Ordnungsart. Eine Reihe von Überlegungen stellt sich dieser Entscheidung voran: in welcher Stilepoche ist der sakrale Raum erbaut? Handelt es sich beispielsweise um eine symmetrische romanische Basilika oder eine gothische Kathedrale? Oder aber ist die Kirche in der Moderne erbaut und spricht eine freiere Formensprache, die eher eine asymmetrische Gestaltung nahelegt?

Symmetrie

Bei dieser Ordnungsart sind beide Seiten der floralen Gestaltung spiegelgleich. Die Wirkung der Symmetrie ist ruhig und eher spannungslos. Sie ist geeignet für feierliche und repräsentative Anlässe, bei denen der florale Schmuck eher begleiten und nicht ablenken soll.

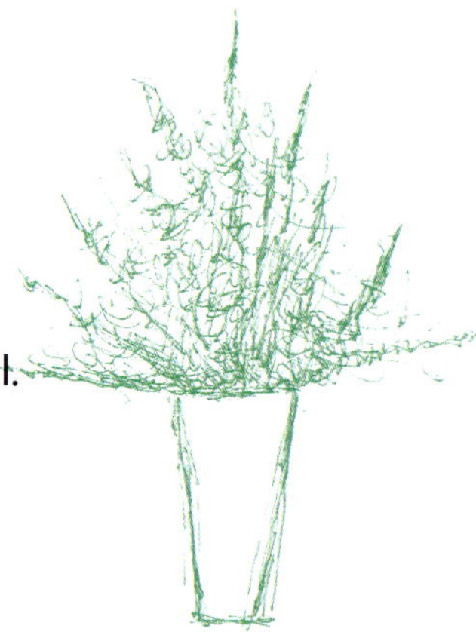

Asymmetrie

Bei dieser Ordnungsart gibt es keine optische Mitte, keine Spiegelbildlichkeiten. Kein floraler Werkstoff ist gleichmäßig verteilt. Häufig wird sie in drei Gruppen aufgeteilt: die Hauptgruppe (die größte Gruppe), die Gegengruppe (die zweitgrößte Gruppe) und die Nebengruppe (die kleinste Gruppe).

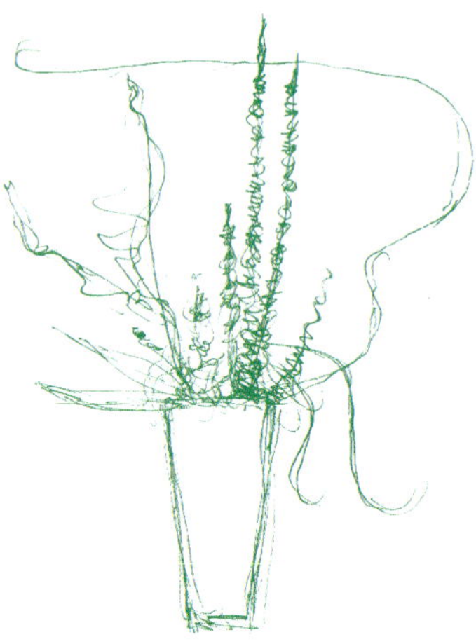

Gestaltungsarten

Die Gestaltungsarten bezeichnen den Ausdruck eines Werkstückes. Man unterscheidet zwischen der dekorativen Gestaltungsart, der formal-linearen Gestaltungsart und der vegetativen Gestaltungsart.

Dekorative Gestaltungsart

Diese Gestaltungsart wirkt üppig und schmückend. Eine gewisse Werkstofffülle ist notwendig. Die Persönlichkeit der einzelnen Pflanze tritt zugunsten der Gemeinschaft zurück, sollte aber dennoch nicht außer Acht gelassen werden. Wo ein üppiger Blumenschmuck angebracht ist, ist die dekorative Gestaltungsart die richtige Entscheidung. Durch die entsprechende Blumenfülle unter der Beachtung der richtigen Farbauswahl entsteht eine gute Fernwirkung. Als Ordnungsart wird in der Regel die Symmetrie gewählt.

Formal-lineare Gestaltungsart

Diese Gestaltungsart hat eine graphische Aussage. Formen und Linien stehen im Vordergrund. Statisch und geradlinig wirkende Gefäße sind besonders für diese Gestaltungsart geeignet und steigern die Wirkung. Die Werkstoffauswahl ist in der Menge und in der Vielfalt sehr reduziert. Jeder Linienverlauf und jede Form soll nachvollziehbar und sichtbar sein. Überschneidungen und raumgreifende Bewegungen erhöhen die Spannung.

Vegetative Gestaltungsart

Diese Gestaltungsart ist die naturnaheste Gestaltung überhaupt. Alle gestalterischen Überlegungen sind der Natur nachempfunden. Die Natur wird interpretiert nicht imitiert, dessen sollte sich der Gestalter bewusst sein. Alle Pflanzen kommen aus einem gemeinsamen soziologischen Bereich.

Die Anordungsarten

Radial

Alle Werkstoffe werden strahlenförmig von einem Mittelpunkt ausgehend angeordnet. Dieser kann in oder unterhalb eines Werkstückes liegen. Bei flachen Gefäßen befindet sich der Mittelpunkt in der Regel unterhalb des Schalenbodens.

Parallel

Jedes Pflanzenteil hat seinen eigenen Wachstumspunkt. Die Raumausrichtung kann vertikal, horizontal oder diagonal verlaufen. Wichtig ist ein harmonisch ausgeglichener Gleichklang der Bewegungen. Die Anordnung der Floralien kann in gleichen Abständen oder mit Verdichtungen und Gruppierungen entstehen. Werden zwei oder sogar alle drei Dimensionen miteinander kombiniert, entsteht ein sehr interessantes und spannungsreiches Werkstück.

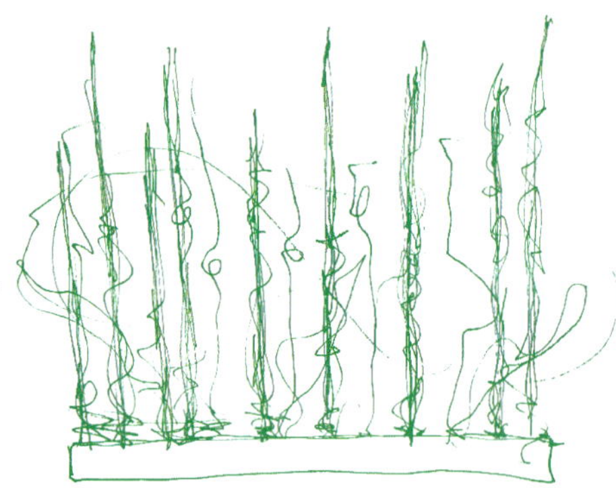

Technische Hilfsmittel

Natürliche Steckhilfen

Zweige, z.B. Obstbäume, Weidenzweige

Ranken, z.B. Clematis, Efeu, Knöterich

Stängelabschnitte, z.B. Bambus, Fallopia

Moose

Tone

Frischsteckmasse

Trockensteckmasse

Japanischer Blumenkenzan

Beispiele floraler und nonfloraler Werkstoffe

➤ Advent

Christrosen, Amaryllis, diverses Koniferen/Tannengrün, Moose, Zapfen, Vertrocknete Obstzweige (Apfel, etc.), Steine, Wurzeln

➤ Barbaratag

Kirschzweige

➤ Weihnachten

diverse Blüten in Weißtönen wie Amaryllis, Weihnachtsstern, Rosen, Euphorbienrispen, diverses Tannen/Koniferengrün, Strohsterne

➤ Silvester

Frühblüher wie Tulpen, Hyazinthen etc., vorgetriebene Blühzweige

➤ Aschermittwoch

verbrannte Zweige, Holzkohle

➤ Palmsonntag

Palmenzweige, Weidekätzchen, Buxus, diverse Stoffe und Tücher

➤ Gründonnerstag

Rosen, diverse Ähren, Olivenzweige

➤ Karfreitag

Dornenzweige als Dornenkrone, rote Rosen zur Kreuzverehrung

➤ Ostern

vorgetriebene Bäume/Sträucher, Moos, Hortensien, Frühblüher, Schale mit Wasser, Steine, weißer Leinenstoff

➤ Pfingsten

diverse Exoten, z.B. Anthurien, Helikonien in Rot/Orange/Gelb, non florale Werkstoffe in diesen Farben

➤ Christi Himmelfahrt und Maria Himmelfahrt

Hortensien weiß, Schleierkraut

➤ Erntedank

Früchte, Gemüse, Obst, Ähren oder alternative Utensilien für die Stadt, wie z.B. Joghurtbecher, Tetra-Pack-Milch, Butter, Käse

➤ Allerheiligen/Allerseelen

diverse Chrysanthemenformen in Weißtönen

➤ Christkönig

florale Gestaltung in Form einer Krone

Literaturverzeichnis und Fotonachweis

Allgemeine Einführung in das Messbuch, in: Messbuch. Freiburg i. Br. ²1988.

Dogmatische Konstitution über die göttliche Offenbarung „Dei Verbum", in: Karl Rahner/Herbert Vorgrimler, Kleines Konzilskompendium. Freiburg i. Br. ¹⁵1981.

Lexikon für Theologie und Kirche. Freiburg i. Br. 1993-2001.

Adolf Adam/Winfried Haunerland, Grundriss Liturgie. Völlig überarbeitete Neuausgabe. Freiburg i. Br. 2012.

Rupert Berger, Pastoralliturgisches Handlexikon – Das Nachschlagewerk für alle Fragen zum Gottesdienst. Freiburg i. Br. 2013.

Marion Bexten/Albert Josef Urban, Kleines liturgisches Wörterbuch. Freiburg i. Br. 2007.

Eckhard Bieger, Das Kirchenjahr – Die Feste: Bedeutung, Entstehung, Brauchtum. Benno-Verlag 2015.

Olaf Liborius Lumma, Crashkurs Liturgie – Eine kurze Einführung in den katholischen Gottesdienst. Freiburg i. Br. 2010.

Nikolaus Nonn, Aus Steinen erbaute Liturgie. Hans Schillings Beitrag zum modernen Kirchenbau, Diplomarbeit 1986.

Peter B. Steiner, Wie sieht unser Glaube aus?, in: CIG 8/2006, S. 59.

S. 47: Ulf Meinhardt, Hannover

S. 57-59: Simone Weyand, Osnabrück

S. 61: Katharina Tenberge, Münster

Alle anderen Fotos stammen von den Autoren und sind in folgenden Sakralräumen entstanden:

Abteikirche Königsmünster, Meschede

Hauskirche der Cella Sankt Benedikt, Hannover

Mariendom, Hildesheim

St. Andreas, Köln

St. Sixtus, Haltern am See

Wallfahrtskirche und -kapelle St. Anna, Haltern am See

Nichts im Leben ist so sicher wie der Tod – und dennoch so wenig selbstverständlich. Bleibend aktuell sind in der Gemeinde Fragen, wie wir Sterbende seelsorglich begleiten, wie wir Tote angemessen begraben und wie wir Trauernde gut trösten. In all diesen Phasen ist der Tod eine Herausforderung für die Pastoral. Auf sie reagiert diese Publikation, indem sie konkrete Anregungen gibt:
Was ist bei der Gestaltung der liturgischen Feiern im Kontext der Bestattung zu beachten? Wie geht man mit der zunehmenden Zahl der Urnenbeisetzung um? Welche Friedhofskultur wäre erstrebenswert? Das Buch beschließen praktische Anregungen: Aufgaben der Gemeinde im Todesfall, Bestattung als Thema für die Seelsorger und die Gläubigen aufgreifen, Checkliste für den Trauerfall.

Nicole Stockhoff | Alexander Saberschinsky
ZU GUTER LETZT
Kartoniert | 99 Seiten | € 9,90 (D) | € 10,20 (A)
ISBN 978-3-89710-700-7